GOLDMANN
ARKANA

Buch

Dieses Buch ist nicht für jede Frau geeignet. Es wendet sich nur an diejenigen, die bereits erkannt haben: Schön und reich werden Sie, wenn Sie sich konsequent wie ein Miststück verhalten, das die Männer so richtig ausnimmt. Nichts leichter als das, meint Giulio Cesare Giacobbe. Und der muss es wissen, schließlich ist er - ein Mann! Denn einen solchen brauchen Sie, um reich, schön und Sie wissen schon zu werden. Die Frau, davon ist Giacobbe felsenfest überzeugt, hat nämlich nur eine einzige Möglichkeit, zu wahrem Reichtum zu kommen: Sie muss reich heiraten.

Manchen wird dieser Gedanke verwerflich vorkommen, von Plan und Umsetzung einmal ganz zu schweigen. Darum gibt der Autor unumwunden zu, dass es sich bei seinem Buch um ein durch und durch unmoralisches Werk handelt, und macht sich zunächst geschickt daran, das moralische Muffensausen der interessierten Leserin zu beseitigen. Gerüstet mit Giacobbes raffinierten Anweisungen kann sich frau auf den Männerfang machen gemäß der Analogie zum Hahn. Er muss gefangen, gebraten und gerupft werden - in eben dieser kulinarisch nicht ganz korrekten Reihenfolge. Wenn frau am Ziel ihrer Wünsche ein hübsches Sümmchen auf dem Konto hat, darf sie sich den ganzen Spaß nur durch eines nicht verderben: durch Gewissensbisse. Das aber ist unwahrscheinlich; denn inzwischen ist sie zum veritablen Miststück mutiert.

Autor

Giulio Cesare Giacobbe hat Philosophie und Psychologie studiert. Nach einer Ausbildung zum Psychotherapeuten lehrt er heute Psychologische Grundlagen der therapeutischen Techniken Asiens an der Universität von Genua.

Von Giulio Cesare Giacobbe sind bei Goldmann außerdem erschienen:

Wie Sie Ihre Hirnwichserei abstellen und stattdessen das Leben genießen (21716)
Zum Buddha werden in 5 Wochen (21777)

Giulio Cesare Giacobbe

Wie Sie ein schönes, reiches Miststück werden

Ein Leitfaden für die
clevere Frau von heute

Aus dem Italienischen
von Elisabeth Liebl

**GOLDMANN
ARKANA**

Die italienische Originalausgabe erschien 2005 unter dem Titel
»Come diventare bella, ricca e stronza« bei Arnoldo Mondadori
Editore S.p.A., Mailand.

FSC
Mix
Produktgruppe aus vorbildlich
bewirtschafteten Wäldern und
anderen kontrollierten Herkünften

Zert.-Nr. SGS-COC-1940
www.fsc.org
© 1996 Forest Stewardship Council

Verlagsgruppe Random House FSC-DEU-0100
Das für dieses Buch verwendete FSC-zertifizierte Papier
München Super liefert Mochenwangen.

1. Auflage

Deutsche Erstausgabe April 2007
© 2007 der deutschsprachigen Ausgabe
Wilhelm Goldmann Verlag, München
in der Verlagsgruppe Random House GmbH
© 2006 Arnoldo Mondadori Editore S.p.A., Mailand.
Umschlaggestaltung: Design Team München
Umschlagmotiv: Artothek, VG-Bild-Kunst – Tamara Lempicka
Redaktion: Roland Rottenfußer
WL · Herstellung: CZ
Satz: Greiner & Reichel, Köln
Druck und Bindung: GGP Media GmbH, Pößneck
Printed in Germany
ISBN 978-3-442-21799-1

www.arkana-verlag.de

Inhalt

Projektbeschreibung 9
Einleitung 17

Wie Sie Schönheit erlangen 31
    Die Schönheit 31
    Das Selbstbild 53
    Die Libido 63
    Der Sex 78
    Das Püppchen 113
    Die Eifersucht 122
    Das Outfit 129

Wie Sie reich werden 139
    Wie Sie den Gockel fangen 140
    Wie Sie den Gockel in den
    Backofen kriegen 144
    Wie Sie den Gockel ordentlich rupfen 151

Wie Sie ein Miststück werden 163
    Wie definiert man »Miststück«? 163

Die drei Persönlichkeiten 170
Wie werde ich ein Miststück?............. 172
Das Selbstbild 174
Kein Erbarmen 175

Und was treibt man nun als reiches, schönes
Miststück?................................... 181

Für Paola Ottolia,
die mich zu diesem Buch inspiriert hat

Besser ein schönes, reiches Miststück
als ein armes, hässliches Entlein.
Lao Tse

Für die Frau ist der Mann wie die Sonne:
Nachts sehnt sie sich nach ihm, und tagsüber,
wenn er da ist, schert sie sich nicht um ihn.

Für den Mann ist die Frau wie der Mond:
Tagsüber läuft er ihr nach, und nachts,
wenn sie neben ihm liegt, schläft er.
G.C.G.

Projektbeschreibung

Dies ist ein durch und durch unmoralisches Buch.

Auch ich, obwohl ich ja immerhin der Autor bin, finde es vollkommen unmoralisch.

Intelligente Frauen werden es, so hoffe ich, auch amüsant finden.

Andere wiederum werden sich furchtbar darüber echauffieren.

Vielleicht so sehr, dass sie mich mit Schimpf und Schande überziehen werden.

Doch das ist entschieden zu viel der Aufmerksamkeit im Hinblick auf meine Person.

Schließlich bin ich ja nur der Überbringer der Botschaft.

Von mir droht Ihnen kein Ungemach, meine Damen. Wie heißt es doch so schön: Schießen Sie nicht auf den Boten!

Doch natürlich können Sie diese Zeilen zum Anlass nehmen, um Ihre Jahrtausende alte Wut loszuwerden.

Insofern erfüllt dieses Buch eine eindeutig therapeutische Funktion.

Wie Sie ein schönes, reiches Miststück werden

Zudem finden Sie in diesem Büchlein sämtliche törichten Ansichten und Allgemeinplätze versammelt, die Männer so in Umlauf bringen.

Als Mann kenne ich mich schließlich damit aus.

In Wirklichkeit aber habe ich es geschrieben, damit Frauen und Männer darüber lachen.

Denn dieses Buch ist eine augenzwinkernde Sammlung typisch männlicher und weiblicher Fehler.

Wenn man es recht bedenkt, haben die Männer mehr dazu beigetragen als die Frauen.

Und wenn die Frauen sich tatsächlich über meine Person ereifern wollen – na dann bitte.

Als Therapeut kann ich das nur gutheißen.

Als Mann bin ich ohnehin daran gewöhnt.

Und warum ereifern sie sich?

Halten Sie es etwa für unmoralisch, durch Heiraten zu Geld zu kommen, statt im Schweiße Ihres Angesichts?

Dazu ist zunächst einmal zu sagen, dass auch Männer durch Eheschließung zu Geld gekommen sind.

Außerdem haben sie natürlich Recht.

Die Frauen, meine ich.

Denn ich halte dieses Buch selbst für durch und durch unmoralisch.

Aber daran ist doch nichts Schlimmes.

Schließlich sind viele unmoralische Bücher im Umlauf. Darunter einige hochberühmte.

Die sogar zur Pflichtlektüre in den Schulen zählen.

Projektbeschreibung

In Italien ist dies beispielsweise *Der Fürst* von Niccolò Machiavelli.

Das Ihnen vorliegende Buch ist deutlich weniger unmoralisch als *Der Fürst*.

Also könnte es ebenfalls zur Pflichtlektüre an den Schulen werden.

Wenn man es recht überlegt, sollte es das sogar.

Natürlich nur in Mädchenschulen.

Einen reichen Mann zu heiraten, um sein Vermögen mit ihm zu teilen, ist schließlich viel weniger unmoralisch, als Freunde zu betrügen und Menschen zu töten, um an die Macht zu kommen.

Dieses Buch wurde für Frauen geschrieben, doch es wäre ganz gut, wenn auch der eine oder andere Mann mal einen Blick hineinwerfen würde.

Warum das so ist, werden sie verstehen, wenn sie es ganz gelesen haben.

Wenn sie intelligent genug sind, es zu lesen.

Woran ich gelinde Zweifel hege.

Dieses Buch habe ich für dich geschrieben, mein liebes, unerfahrenes junges Mädchen, das sich gerade anschickt, im Dschungel des Lebens mal ordentlich für frischen Wind zu sorgen.

Und natürlich für dich, reife Dame, die gerade den Entschluss gefasst hat, sich nicht länger von irgendwelchen Blödmännern an der Nase herumführen zu lassen und es endlich allen heimzuzahlen.

Und für dich, unglückliches Weib, an dem der Zug des Lebens vorbeigerauscht ist und das nun endlich herausfinden möchte, an welchem Punkt es aufs falsche Gleis geraten ist.

Und vielleicht einen neuen Zug nehmen.

Und für dich, du reiches, schönes Miststück, dem endlich die Genugtuung öffentlicher Anerkennung der eigenen Leistung widerfährt.

Und natürlich auch für dich, schöne Frau, die du weder reich noch ein Miststück bist und schon gar keines werden möchtest.

Damit du dich an der eigenen Tugend weiden und dich über die schrecklichen Frauen aufregen kannst, die genau das werden wollen oder es vielleicht gar schon sind.

Und für dich, glückliche Braut, um dir zu zeigen, vor wem du dich besser in Acht nehmen solltest und wie du das anstellst.

Und für dich, reicher Mann, damit du lernst, dich gegen skrupellose Miststücke zu wappnen.

Aber auch für dich, du armseliger Hungerleider, denn Frauen sind wie Männer: Manchmal benehmen sie sich nur so zum Spaß wie ein Miststück.

Und schließlich für dich, meine teure Feministin, die nicht nur einen Job perfekt erledigt, sondern deren drei.

Dieses Buch zeigt dir, wie du künftig auf jeden Job verzichten kannst.

Projektbeschreibung

Warum aber ein Buch für Frauen?

Aus zwei Gründen.

Der erste ist, dass achtzig Prozent aller lesenden Menschen Frauen sind.

Was allein schon einen ziemlich guten Grund darstellt.

Der zweite Grund ist, dass ich genug davon habe zu sehen, wie Frauen eine unglaubliche Energie darauf verschwenden, sich schön zu machen, ohne auch nur einmal darüber nachzudenken, wie man einen Mann verführt.

Was dazu führt, dass sowohl Frauen als auch Männer unglücklich sind.

Ich habe dieses Buch geschrieben, weil ich die Frauen überzeugen möchte, sich wieder in der Kunst der Verführung zu vervollkommnen.

Wie ihre Großmütter und Urgroßmütter es einst getan haben.

Doch wurde dieses Buch nicht ausschließlich für Frauen geschrieben.

Denn ich möchte Männern Appetit machen, Frauen wieder den Hof zu machen.

Jemandem den Hof zu machen beziehungsweise sich verführen zu lassen ist für das Menschengeschlecht eine der spannendsten Beschäftigungen der Welt.

Spannender als das Internet.

Spannender als Fußball und Reality-Shows.

Wie Sie ein schönes, reiches Miststück werden

Sogar spannender als TV-Seifenopern.

Leider üben wir diese Beschäftigung kaum noch aus.

Der Wegfall der Balzrituale beim Menschen ist eine biologische Katastrophe, vergleichbar nur mit dem Verlust des Brutinstinkts beim Huhn.

Du kannst keiner Frau den Hof machen, wenn sie dich mit einem: »Lass das, du Blödmann!« anschnauzt und mit einer Klage wegen sexueller Belästigung droht.

Man kann keiner Frau den Hof machen, die alles tut, um nicht verführerisch zu wirken.

Obwohl sie vielleicht wunderschön ist.

Das ist es, was uns so zornig macht, uns Männer.

Ihr seid wunderschön, aber verführerisch seid ihr nicht.

Genauer gesagt, ihr wollt es gar nicht sein.

Doch für einen Mann ist eine Frau nur dann schön, wenn sie verführerisch ist.

Wie soll ich Sie, meine Dame, also überzeugen, sich wieder zur Kunst der Verführung zu bekehren?

Nun, ich habe für Sie ein Handbuch zur Verwirklichung Ihres Jahrtausende alten Traumes geschrieben: des Traumes, vom Märchenprinzen aus dem Aschenputtel-Dasein erlöst zu werden.

Leider stellt sich dabei ein kleines praktisches Problem: Es gibt keine Märchenprinzen.

Doch keine Bange, dieses Detail ist lediglich von untergeordneter Bedeutung.

Projektbeschreibung

Denn der einzig entscheidende Punkt an diesem Traum ist doch, dass Sie reich werden wollen.

Das aber funktioniert nur, wenn Sie lernen, sich wie ein Miststück zu benehmen.

Denn wie heißt es so schön in Abwandlung des bekannten Kinderreimes:

Eins, zwei, drei, vier, fünf, sechs, sieben
wo ist denn das Geld geblieben?
Ei, das steckt im Geldschrank noch.
Ziehe los und hol dir's doch.
Mit ein bisschen Zimt und Zickeln
kannst du den Alten um den Finger wickeln.
Eins, zwei, drei, vier, fünf, sechs, sieben.
Nur ein Miststück wird die Kohle kriegen.

Jede Frau kann ein reiches, schönes Miststück werden.

Wenn sie lernt, wie man Männer verführt.

Und wer könnte Ihnen das besser erklären als ein Mann?

Wichtig ist nur, dass Sie mich nicht allzu ernst nehmen.

Denn wie sagte der Vampir, bevor er die junge Unschuld in den Hals biss:

Nur ruhig Blut, meine Liebe.
(Dracula)

Einleitung

Alle Frauen träumen vom Reichwerden.

Und vom Schönsein.

Die Klügeren unter ihnen aber wissen, dass Schönheit keine Hexerei ist.

Dieses Buch verrät Ihnen, was es heißt, *in den Augen eines Mannes* schön zu sein.

Reich und schön sein zu wollen ist also ein durchaus erreichbares Ziel.

Genauer gesagt ist es das einzige wirklich lohnende Ziel.

Ganz genau gesagt besteht das einzige wirklich lohnende Ziel darin, reich zu werden.

Schönheit zahlt sich nämlich nur aus, wenn man sie in Reichtum verwandeln kann.

Sie möchten wissen, wie ich das mit dem Reichwerden meine?

Wenn Sie eine intelligente Frau sind, dann machen Sie es nicht wie die Männer, die sich zu Tode schuften, um Besitz anzuhäufen, den sie letztlich nicht einmal genießen können.[1]

Wie Sie ein schönes, reiches Miststück werden

Wenn Sie zu den klugen Vertreterinnen Ihres Geschlechts gehören, dann überlassen Sie das Anhäufen von Vermögen im Schweiße des eigenen Angesichts lieber den Männern.

Sie hingegen tun etwas, was Sie keinen Pfennig kostet:

Sie ehelichen diese Herren.

Ich verwende hier ganz bewusst den Plural, denn die Ehe mit nur einem Mann wollen wir doch jenen Damen überlassen, die dieses Buch nicht lesen.

Traditionell hatten Frauen kaum je andere Möglichkeiten reich zu werden, als den Wohlstand der Männer anzuzapfen.

Was sie denn voller Demut, Kühnheit und Entschlossenheit getan haben.

Als echte Aschenputtel haben sie mit Hilfe ihrer Verführungskünste sich und ihren Kindern ein bequemes Leben verschafft.

---

1 Dass Männer frühzeitig sterben ist gleichsam die Regel. Stress in der Arbeit, in der Ehe? Wer weiß? Die Welt jedenfalls ist voll von mehr oder weniger lustigen Witwen, die sich eines mehr oder weniger hübschen Sümmchens erfreuen, das durch den Tod des Mannes ihres wurde, jenes Mannes, der dumm genug war, sein Leben der Ansammlung eines Vermögens zu widmen, das andere dann an seiner statt verfrühstücken. Hieß es nicht früher einmal: *Carpe diem*, genieße den Tag? Die Männer haben diesen Wahlspruch wohl ersonnen, doch die Frauen, zumindest die intelligenteren unter ihnen, wissen ihn am besten in die Praxis umzusetzen.

Einleitung

Das war von jeher so, welchem Land oder welcher Epoche sie auch entstammen mochten.

Jedes Land kennt die großen Femmes fatales, die aus der Fremde kamen.

Darüber sollte man als ortsansässige Frau einmal nachdenken.

Das Sprichwort, demzufolge man Eheweiber und Ochsen am besten aus dem eigenen Dorf bezieht, genügt wohl kaum, um diese Konkurrenz aus dem Feld zu schlagen.

Warum also sollten Sie sich zu Tode schuften, um reich zu werden, wenn es doch reiche Männer gibt, die man heiraten kann?

Schockiert Sie diese Frage etwa?

Wenn Sie sie als skandalös empfinden, dann ist dies nicht das richtige Buch für Sie.

Andererseits, wenn ich so recht darüber nachdenke, sollten Sie das Buch vielleicht gerade dann lesen, wenn Sie es empörend finden. Dann haben Sie es vermutlich bitter nötig.

Oder stimmt es vielleicht nicht, dass jede Frau gerne *einen Mann hätte*?

Aber natürlich nicht irgendeinen.

Irgendeinen Mann kann jede Frau haben.

Nein, hier geht es um einen reichen und mächtigen Mann.

Genauer gesagt ist reich eigentlich völlig ausreichend.

Wie Sie ein schönes, reiches Miststück werden

Ist er auch noch mächtig, kann das zu erheblichen Komplikationen führen.

Und sogar gefährlich werden.

Besser also, er ist nur reich.

Reich genügt: Hat er genügend Geld, können Sie ohnehin alles haben, was Sie möchten.

Auch Macht, wenn Ihnen gar so viel daran liegt.

Die Historie kennt unzählige Frauen, die Macht hatten.

Doch fast alle nahmen ein schlimmes Ende.

Stellt sich die Frage: Warum müssen Sie zu all dem auch noch den Part des Miststücks beherrschen?

Nun, meine Liebe, wie wollen Sie je reich werden, wenn Sie diese Kunst nicht beherrschen?

Ein Miststück zu sein bedeutet nämlich, Männer *benutzen* zu können.

Wenn Sie nämlich seinen Reichtum nutzen wollen, müssen Sie auch lernen, den Mann zu benutzen.

Natürlich dürfen Sie auch Ihre Freude an ihm haben.

Um seiner selbst willen, wenn er niedlich ist.

Aber natürlich vor allem um der Dinge willen, die er Ihnen bieten kann.

Reichtum und somit ein Leben nach Ihren Vorstellungen.

Im Luxus sozusagen.

Ich weiß, ich weiß. Die meisten Mädchen wollen nur einen Mann, der sie liebt.[2]

Einleitung

Und wenn sie einen finden, der sie davon überzeugen kann oder dem sie einfach glauben, weil sie ihm um jeden Preis glauben wollen, dann sind sie bis über beide Ohren verknallt und hochzufrieden.

Doch wie lange dauert dieser Zustand?

Er ist auf jeden Fall von begrenzter Dauer, irgendwann wächst das Gehirn nämlich wieder nach.

Verliebtheit währt selten lange, weil sie die Gefahr birgt, dass man plötzlich erkennt, worum es geht.

Um die Projektion der eigenen Sehnsucht nach einem Elternteil auf einen anderen Menschen, der nicht nur den an ihn gestellten Ansprüchen gewöhnlich nicht genügt, sondern im Hinblick auf das, was man von ihm will, auch noch völlig im Dunkeln tappt.

Verliebtheit sollte nicht mit Liebe verwechselt werden.

Verliebtheit ist das Bedürfnis nach Liebe, nicht die Fähigkeit dazu.

Das genaue Gegenteil also.

Verliebtheit ist die Illusion des Kindes (das sechzehn oder vierzig Jahre alt, männlich oder weiblich sein kann), endlich den Elternteil gefunden zu haben, den

---

2 Ich habe heute noch im Ohr, was mir einmal eines dieser Mädchen sagte: »Wenn er mich liebt, dann kann er auch ein Hinkebein und ein Glasauge haben.« Gar keine schlechte Wahl, denn ein Lahmer kann nicht weglaufen, und das Glasauge ist zum Unterzeichnen der standesamtlichen Urkunden unerlässlich.

Wie Sie ein schönes, reiches Miststück werden

es braucht, der es liebt und der es sein Leben lang nicht mehr verlässt.[3]

Kein Wunder also, dass dieser Mensch glücklich und zufrieden ist wie ein Wolf aus den kalten Weiten Sibiriens, der tagelang einem Schlitten nachgejagt ist und, nachdem er ihn endlich eingeholt hat, voller Wohlbehagen einen Festschmaus mit dem russischen Schlittenführer veranstaltet (welch Letzterer die Rolle des Hauptgerichts, nicht etwa die des Gastes spielt).

Verliebtheit dauert etwa so lange wie das Verdauen des Schlittenführers.

Der unter Umständen auch im Magen liegt.

Zweifelsohne schenkt uns Verliebtheit Augenblicke höchsten Glücks.

Aber sie macht uns auch verwundbar.

Eine Geste, ein Wort, eine Unaufmerksamkeit genügt, und wir merken, dass der Mensch, in den wir verliebt sind, keineswegs die Fähigkeit (meist auch nicht die Absicht) besitzt, all unsere Probleme zu lösen. Und schon verfallen wir in tiefe Depression.

Wenn Sie verliebt sind, werden Sie weich wie Softeis.

Der Gegenstand Ihrer Gefühle kann Sie genießen, wie und wann es ihm gefällt. Vielleicht wirft er hinterher sogar die Waffel weg – obwohl Ihre Seele noch drin klebt.

---

3 Eine genauere Beschreibung dieses Verhaltens findet sich in meinem Buch: *Alla ricerca delle coccole perdute*, Mailand 2004.

Einleitung

Verliebt zu sein ist, als wäre man als einziger Glaskrug zwischen lauter Steinkrügen in einem Güterwagon auf dem Weg über den Ural.

Ich will Sie ja nicht beschwatzen, sich nicht zu verlieben.

Es ist wunderschön, verliebt zu sein.

Aber mit dem Verliebtsein ist das so wie mit den Niagarafällen.

Einmal im Leben sollte man sie gesehen haben.

Vielleicht auch zwei oder drei Mal.

Aber nach dem sechsunddreißigsten Mal sollte man sich ernsthaft überlegen, ob man nicht besser einen Spezialisten aufsucht.

Natürlich dürfen Sie sich verlieben, solange Sie ein junges Mädchen sind.

In Italien bedeutet das: bis zum vierunddreißigsten Lebensjahr.[4]

Spielen Sie ruhig sämtliche Seifenopern und Telenovelas, die Sie gesehen haben, im wahren Leben nach, wenn Ihnen das Spaß macht. Mit hübschen und poetischen, schönen und romantischen, kreativen und verliebten jungen Männern.

Die natürlich durchweg zur Kategorie »Hungerleider« gehören.

---

4 Das statistische Bundesamt in Italien (ISTAT) hat festgestellt, dass die Kinder italienischer Eltern gewöhnlich bis zum vierunddreißigsten Lebensjahr zu Hause wohnen.

Wie Sie ein schönes, reiches Miststück werden

Verlieben Sie sich so oft, bis Sie endlich genug davon haben.

Und dann hören Sie auf mit dem Unsinn.

Reicht es Ihnen noch nicht mit all dem: »Liebst du mich? Wie sehr liebst du mich?« Oder: »Denkst du an mich? Wie oft denkst du an mich?« Und: »Betrügst du mich etwa? Wie oft betrügst du mich?«

Mit vierunddreißig Jahren sollten Sie allmählich anfangen, an Ihre Zukunft zu denken.

Meiner bescheidenen Ansicht nach ja schon deutlich früher.

Denn es wird Ihnen sehr viel leichter fallen, Punkt eins Ihres Vorhabens (nämlich schön zu werden) in die Tat umzusetzen, wenn Sie jünger sind.

Das soll nun nicht heißen, dass es keine wahre Liebe gibt und das Leben als Paar nichts als ein Traum bleiben muss.

Ganz im Gegenteil.

Eine Familie zu gründen ist der Gipfelpunkt unserer natürlichen evolutionären Entwicklung in sozialer, psychologischer und moralischer Hinsicht.

Doch er kann erst dann Wirklichkeit werden, wenn wir eine Eltern-Persönlichkeit entwickelt haben.[5]

---

5 »Eltern-Persönlichkeit« oder »Elternrolle« heißt nicht, dass Sie selbst ein Kind zeugen müssen. Es geht dabei vielmehr um die Entwicklung des Verantwortungsbewusstseins, das Eltern aus-

Einleitung

Denn um einem Kind Vater oder Mutter zu sein, muss man die Elternrolle ausfüllen können.

Dies ist eine wesentliche Voraussetzung, um Liebe schenken zu können.

Nur Menschen mit einer Eltern-Persönlichkeit können wirklich lieben.

Die Liebe selbst ist ihrem Wesen nach das Gefühl, das Eltern ihren Kindern gegenüber empfinden.[6]

Wie alle Frauen wissen.

Wie vor allem Frauen wissen.

Vielleicht sogar nur Frauen.

Denn die einzige wahre Liebe ist die Liebe einer Mutter zu ihrem Kind, mehr noch als die des Vaters.

Eine Mutter akzeptiert ihr Kind bedingungslos.

Auch wenn es sich als kriminell entpuppen sollte.

Oder als Dummkopf.

Oder als Versager.

Das ist wahre Liebe.

Den anderen ohne Wenn und Aber zu akzeptieren.

Sich ihm zu schenken.

Sich zu wünschen, dass er glücklich ist.

Weil dies unser Glück ausmacht.

Das ist Liebe.

---

zeichnet. Siehe dazu: *Alla ricerca delle coccole perdute*, Mailand 2004. [A. d. Ü.]

6 Siehe dazu mein Buch: *Alla ricerca delle coccole perdute*, Mailand 2004.

Wie Sie ein schönes, reiches Miststück werden

Nur das.

Alles andere tut nur so, als wäre es Liebe.

Wie die Verliebtheit, welche nicht auf das Glück des anderen abzielt, sondern auf das eigene.

Was interessiert es mich, wenn der andere darunter leidet, dass er mit mir zusammen ist!

Für mich zählt nur, dass er bei mir ist.

Doch für einen Neuanfang ist es nie zu spät.

Vergessen Sie nicht: Wie chaotisch und schrecklich eine Frau auch sein mag, in irgendeinem Winkel der Welt gibt es einen Mann, der sie wunderbar findet.

Das Problem ist nur, wie man ihn ausfindig macht.

Doch ich würde meinen Kopf darauf verwetten, dass Sie keinen Hungerleider zum Mann haben wollen.

Sie wollen einen reichen Mann, einen, der Erfolg hat.

Also Schluss mit Ihrem Aschenputtel-Komplex.

Wie ich bereits gesagt habe: Märchenprinzen gibt es nicht.

Die Erklärung dafür ist einfach: Sie werden wohl kaum einen Mann finden, der zwei Hasen gleichzeitig jagen kann: Sie und seinen Erfolg.

Dazu reicht die Zeit ganz einfach nicht.

Es sei denn, es handelt sich um einen Milliardär über achtzig, selbstverständlich im Ruhestand.

Was, unter uns gesagt, auch nicht gerade die Traumbesetzung für einen Märchenprinzen ist.

Doch wenn es das ist, was Sie unbedingt wollen ... Mir

Einleitung

für meinen Teil ist es sowieso absolut gleichgültig, wie alt der Knabe ist, den Sie zu ehelichen gedenken.

Aber glauben Sie tatsächlich, dass es reicht, sich in einen über Achtzigjährigen zu verlieben (wenn Sie das überhaupt schaffen), um von ihm geheiratet zu werden?

An dieser Stelle möchte ich Ihnen die Geschichte von Mary erzählen.

Mary war ein Mädchen aus Minneapolis, das auf den Rat ihrer Mutter hin, einer armen Witwe, beschlossen hatte, einen reichen, alten Mann zu heiraten, um ebenfalls so schnell wie nur irgend möglich in den Witwenstand zu treten wie die Mutter. Doch natürlich wollte Mary Witwe eines Milliardärs werden und nicht die Witwe eines Habenichts. Sie wollte ein Vermögen erben und ein Leben in Saus und Braus führen.

Mit ihrer Mutter natürlich.

Genauer gesagt war Marys Wunsch ohnehin eher der ihrer Mutter.

Deshalb beschloss Mary, nach Hollywood zu gehen.

Besser gesagt: Die Mutter entschied, dass Mary nach Hollywood müsse.

Eine Entscheidung, die beiden recht vernünftig vorkam.

Ein Problem allerdings gab es bei der Operation »Lustige Witwe«.

Mary war einfach kein Miststück.

Sie war jung und unerfahren.

Wie Sie ein schönes, reiches Miststück werden

Und hatte ihren Hunger nach Liebe noch nicht gestillt.

Und so verliebte Mary sich in sämtliche Produzenten, Regisseure, Drehbuchautoren, Schauspieler, Komparsen, Beleuchter und Assistenten, die sich auf Hollywoods wilden Partys herumtrieben. Natürlich heiratete sie keiner von diesen Herren. Sie schickten ihr am nächsten Tag nicht einmal einen Strauß Blumen.

Resultat: Mary kehrte nach Minneapolis nicht nur ohne reichen Gatten – egal, in welcher Altersklasse – zurück, sie kehrte überhaupt ohne jeden Ehemann zurück, dafür aber mit einem Sohn, dessen Vater sie selbst nicht kannte.

Um einen reichen Mann seines Geldes wegen zu heiraten, muss man ein Miststück sein.

Verliebtsein ist bei solchen Vorhaben die sichere Garantie für den Misserfolg.

Ein verliebter Mensch ist so ziemlich das schwächste Geschöpf im Universum, denn sein Glück hängt von der Gegenwart und Verfügbarkeit des geliebten Menschen ab, der mit dem oder der Verliebten macht, was er will.

Wenn beide Partner verliebt sind, dann mögen sich die Dichter ans Werk machen und Tragödien wie *Romeo und Julia* schreiben, mit denen man einen Haufen Geld verdienen kann.

Romeo und Julia waren übrigens siebzehn beziehungsweise vierzehn Jahre alt.

Einleitung

Glauben Sie wirklich, dass man in diesem Alter vernünftige Entscheidungen in Bezug auf die Probleme des Lebens treffen kann?

Wie dem auch sei: Sie dürfen sich in den reichen Mann, den Sie heiraten wollen, keinesfalls verlieben.

Denn dann würden Sie leiden.

Ein reicher Mann ist nämlich nie verfügbar.

Er ist ständig damit beschäftigt, seinen Reichtum zu bewahren oder gar zu mehren.

Sie können nicht verlangen, dass ein reicher Ehemann stets für Sie Zeit hat.

Wenn er nicht gerade bewegungsunfähig im Rollstuhl sitzt.

Da könnte man natürlich ein wenig nachhelfen, aber tunlichst erst, *nachdem* Sie ihn geheiratet haben.

Reich und »stets für Sie da« sind zwei Forderungen, die nicht unter einen Hut gehen.

Eigentlich ist auch ein armer Mann nicht »stets für Sie da«.

Denn in diesem weit schwieriger gelagerten Fall muss der Mann schließlich seinen Lebensunterhalt verdienen.

Es ist die Idee von der ständigen Verfügbarkeit, die sich nicht verwirklichen lässt.

Sie ist gegen die Natur des Menschen.

Schon aus physiologischen Gründen.

»Reich« hingegen lässt sich machen.

Wie Sie ein schönes, reiches Miststück werden

Eigentlich genügt »reich« ja auch.

Somit ist das einzige Problem, das Sie jetzt lösen müssen, die Frage: Welche Rolle wollen Sie spielen, die der Verliebten oder der *Angebeteten*?

Wenn Sie reich werden wollen, müssen Sie lernen, zur Angebeteten zu werden.

Was bedeutet: dafür zu sorgen, dass *Männer sich in Sie verlieben*.

Sie glauben, das geht nicht?

Weit gefehlt. Soll ich Ihnen etwas sagen? Auch reiche Männer verlieben sich.

Sie glauben, dass diese Typen sich niemals in Sie verlieben würden?

Falsche Antwort.

Ob ein Mann sich in Sie verliebt, hängt nicht von Ihren Hüften oder Ihrem Busen ab.

Dabei geht es nicht um Schönheit an sich.

Es ist alles eine Frage des *Kopfes*.

Man kann nämlich durchaus ein reiches, schönes Miststück werden.

Auch Sie können das.

Sie müssen nur weiterlesen.[7]

---

7 In meinen früheren Büchern habe ich den Leser stets gebeten, das Buch doch zu Ende zu lesen. Da ich nun hauptsächlich Leserinnen habe, weiß ich, dass das nicht nötig ist, denn die natürliche Neugier des Weibes sorgt automatisch dafür, dass die Damen bis zur letzten Seite lesen. Frauen sind etwas Wunderbares!

Wie Sie Schönheit erlangen

Die Schönheit

Als Erstes müssen Sie begreifen, dass es so etwas wie absolute Schönheit nicht gibt.

Trotzdem kann man natürlich schön werden.

Denn wenn es auch keine absolute Schönheit gibt, so gibt es doch die Empfindung von Schönheit.

Jeder Mensch, Sie, ich, *er*, findet irgendetwas schön.

Doch was man schön findet, ist von Mensch zu Mensch verschieden.

Daher lässt sich die Empfindung von Schönheit nicht auf Maß, Zahl und Gewicht reduzieren.

Oder auf Farben. Auch nicht auf Hautfarben.

Schönheit an sich ist überhaupt kein körperliches Phänomen.

Sonst gäbe es ja keine Erklärung dafür, weshalb Menschen, die aussehen, als seien sie vom Planet der Affen eingewandert, trotzdem einen Partner finden.

Nicht unsere Augen entscheiden darüber, was schön ist, sondern unser Gehirn.

Wie Sie ein schönes, reiches Miststück werden

Und wenn Ihr Gehirn beschließt, dass Frankenstein schön ist, dann ist da nichts zu machen.

Sie können mit Engelszungen zu ihm sprechen – dem Gehirn ist das schnurz.

Es findet einfach, dass Frankenstein der schönste Mann der Welt ist, und sein Glaube wird ihm Gewissheit.

Dieser Mechanismus funktioniert mit derselben Präzision in Bezug auf das weibliche Geschlecht.[8]

Achtzig Prozent der Ehen weltweit sind vom gesunden Menschenverstand aus unerklärlich.

Natürlich liegt das auch an der Neigung der Männer, hässliche Frauen zu heiraten, was kein Wissenschaftler je befriedigend erklären konnte.[9]

Aber diese Tatsache lässt sich ja zu Ihrem Vorteil nut-

---

8 Leider kann ich keine Beispiele weiblicher Hässlichkeit liefern, denn aus unerfindlichen Gründen hat die kollektive Fantasie bislang nur männliche Monster geschaffen (das Biest, Mister Hyde, das Phantom der Oper, Hulk, der Glöckner von Notre Dame und so weiter). Mit einer Ausnahme: die Hexen. Doch die sind gewöhnlich zu alt, um als Partnerinnen in Betracht gezogen zu werden. Die kollektive Fantasie wird doch nicht etwa selbst weiblich sein? Zumindest grammatikalisch gesehen müssen wir diese Frage mit Ja beantworten.

9 Der Volksmund, vor allem der sizilianischer Mundart, hat dafür eine ganz einfache Erklärung gefunden: Sie wird ihm keine Hörner aufsetzen. Die Tatsache, dass Männer sich offensichtlich gezwungen glauben, zwischen Hörnern und einem häuslichen Ungeheuer zu wählen, sagt letztlich alles über den Geisteszustand des männlichen Geschlechts aus.

Wie Sie Schönheit erlangen

zen. Ich bin nämlich ziemlich sicher, dass Sie – wie alle Frauen – sich nicht gerade für eine Schönheit halten.[10]

Doch da täuschen Sie sich.

Sie *sind* schön.

Sie sollten nur nicht den Fehler machen zu glauben, Sie müssten »über die Maßen« schön sein.

Oder *für alle* gleichermaßen schön.

Es genügt, wenn Sie *in seinen Augen* schön sind.

Wen immer Sie auch ausgewählt haben.

Und noch etwas: In dieser Hinsicht sollten Sie ein für alle Mal in Ihrem Kopf aufräumen.

Es mag Ihnen kaum glaubhaft erscheinen, doch Männer interessieren sich nicht für sehr schöne Frauen.

Als wirkliche Partnerinnen sind diese Frauen nicht interessant.

Nur als Trophäe.

***Für Männer sind wunderschöne Frauen
nichts weiter als eine Trophäe.***

---

10 Die Fähigkeit der Frauen, an sich selbst körperliche Mängel zu diagnostizieren, ist genetisch fester verankert als der Instinkt der Lachse, zum Laichen flussaufwärts zu schwimmen. Verglichen damit ist ein normaler Psychotiker mit Verfolgungswahn und Zwangsvorstellungen ein absoluter Dilettant. Der jüngste Fall, der mir diesbezüglich einfällt, ist eine Frau, die sich darüber beschwerte, dass ihre Ohren zu eng am Kopf anliegen.

Wie Sie ein schönes, reiches Miststück werden

Zunächst einmal wissen Männer, dass diese Frauen schwer zu bekommen sind.

Dazu kommt, wie ebenfalls die meisten Männer wissen, dass »über die Maßen« schöne Frauen im Bett häufig nicht gerade der Hit sind.[11]

Der Grund dafür ist, dass sie glauben, ihre Schönheit allein müsse genügen.

Männer aber brauchen solche Frauen nur für ihre sexuellen Fantasien, nicht für das reale Leben.

Die »tollen« Frauen sind nur Pin-ups im Lastwagen.

In Wirklichkeit aber will jeder Mann eine Frau, die sich bewegt, keine Statue, wie schön sie auch immer sein mag.

Verführung nämlich ist Bewegung.[12]

Und die Schönheit einer Frau besteht in den Augen der Männer nun einmal in ihrer *Verführungskunst.*

---

11 Männer mit ein wenig Erfahrung wissen, dass jene Frauen, die nicht »über die Maßen« schön sind, beim Sex wesentlich anstelliger sind als die Trophäen, weil sie wettmachen wollen, was sie für ihren naturgegebenen Mangel halten. Haben sie dann auch noch Erfahrung, dann sind sie richtig gut. Die besten aber sind die über Achtzigjährigen. Vor allem, weil sie eine geradezu unglaubliche Erfahrung aufweisen. Und sie geben sich unglaubliche Mühe, weil sie wissen, dass jedes Mal das letzte sein könnte.

12 Eine Freundin, Bauchtanzlehrerin, sagte mir einmal: »Du glaubst gar nicht, welche Probleme ich habe, diesen katholischen italienischen Frauen beizubringen, das Becken zu bewegen! Jede hat in der Kindheit schon einmal den Spruch gehört, dass nur Nutten die Hüften schwingen. Natürlich kam der Spruch von einer anderen Frau.« Als ich noch auf dem Land lebte, besaß ich einen

Wie Sie Schönheit erlangen

In den Augen des Mannes besteht die Schönheit einer Frau in ihrer Fähigkeit, ihn zu verführen.

Natürlich können auch Sie verführerisch sein, also schön in den Augen eines Mannes.

Sie müssen es nur *wollen.*

Ja, genau. Dies ist die Schlussfolgerung, die sich aus oben Gesagtem ziehen lässt. Schönheit ist *Ansichtssache.*

Und Ansichten, also Meinungen, lassen sich, wie Sie sicher wissen, *manipulieren.*

Jeder Fernsehzuschauer kann das bestätigen.

In puncto Schönheit müssen Sie also die Meinung der Männer zweckdienlich steuern. Und zwar nicht deren bewusste Ansichten, sondern die im *Unbewussten* verborgenen.

Hühnerstall mit mehreren Hennen und einem wundervollen Hahn (der sieben Kilo wog!). Dieser Hahn verteilte seine Aufmerksamkeiten zu Anfang noch gleichmäßig auf alle Hennen, aber nach einigen Monaten konzentrierte er sich nur noch auf eine einzige. Diese war an sich schon nicht besonders hübsch anzusehen, doch das Interesse des Hahnes zehrte an ihrem Äußeren, sodass sie bald echt schrecklich aussah. Ich weiß ja nicht, ob Sie wissen, wie so etwas abläuft: Der Hahn besteigt die Henne mit Hilfe seiner Krallen und hält sich damit an ihrem Rücken fest. Die arme Henne war innerhalb weniger Wochen beinahe kahl. Sie sah schrecklich aus. Ihn aber schien das nicht zu stören. Je öfter er sie sah, desto erregter wurde er. Schönheit? Von wegen Schönheit! Sie bewegte sich einfach intensiv (vielleicht aus Angst). Das ist Verführung! Bewegung! Nichts mit Schönheit!

Wie Sie ein schönes, reiches Miststück werden

Welche Knöpfe aber müssen Sie nun drücken, damit ein Mann unbewusst glaubt, dem wundervollsten Exemplar von Weib gegenüberzustehen, das diese Gattung je hervorgebracht hat?

Den sogenannten »sekundären Geschlechtsmerkmalen« wie Busen oder Hüften kommt – ganz im Gegensatz zur weit verbreiteten Meinung – nicht diese fundamentale Bedeutung zu. Sie üben eine »sekundäre Funktion« aus, wie ihre Bezeichnung so richtig sagt.

An diesem Punkt möchte ich mit einem Irrglauben aufräumen, den Ihr Frauen hinter euch herschleppt wie einen biblischen Fluch.

Mit dem Mythos vom »dicken Hintern«.

In meinem ganzen Leben habe ich noch keine Frau getroffen, die mit ihrem Po zufrieden war.

Sogar magersüchtige Frauen sind überzeugt, einen dicken Hintern zu haben.

Ein dicker Hintern zählt für Frauen zu den Missbildungen. So als hätten sie einen Pferdefuß oder eine Hasenscharte.

Woher diese geistige Verirrung?

Könnt ihr nicht endlich einsehen, dass Männer auf »dicke Hintern« stehen?

Männer lieben dicke Hintern (bei Frauen).

Wie Sie Schönheit erlangen

Das weibliche Hinterteil ist für den Mann, was die Sonne für die Pflanzen ist, das Meer für die Fische, der Wind für die Segelboote.

Es ist der Dreh- und Angelpunkt des männlichen Lebens, sein Traum, sein Ideal.

Wissenschaftlich lässt sich das ohne jeden Zweifel erklären.

Der »dicke Hintern« ist ein Synonym für breite Hüften, und diese deuten Fruchtbarkeit an. Genauso wie ein großer Busen dafür spricht, dass viele Kinder genährt werden können.

Der männliche Arterhaltungsinstinkt bewirkt, dass die männliche Aufmerksamkeit sich vorzugsweise auf Frauen richtet, welche die genannten Eigenschaften besitzen.[13]

Doch das Interesse der Männer richtet sich mehr auf den Hintern als auf den Busen.

Schließlich sind sie an ihrem eigenen Wohlergehen doch stärker interessiert als an dem der Nachkommenschaft.

Wenig Busen, okay, aber wenig Po, nein danke.

---

13 Ein Mann muss in einem Test eine Textaufgabe lösen. Die Frage lautet: »Sie geben drei Frauen eine gewisse Summe Ihres Geldes. Die eine kauft davon für sich schöne Geschenke, die andere kauft für Sie schöne Geschenke, die dritte investiert das Geld mit Gewinn für Sie beide. Welche würden Sie heiraten?« Antwort: »Die mit dem größten Busen.«

Wie Sie ein schönes, reiches Miststück werden

Denn der weibliche Po ist für Männer gleichsam ein *Kultgegenstand.*

Dem Mann nämlich signalisiert der so genannte »dicke Hintern« größeres sexuelles Vergnügen.

Im – offensichtlich leeren – Gehirn eines Mannes nimmt der weibliche Po einen gewaltigen Raum ein.

Was Tinto Brass uns ja schon seit Jahren zu verklickern sucht.

Ihr Frauen aber wollt es nur einfach nicht verstehen, oder?

Was hat doch der eine Typ in *Die Waffen der Frauen* (Regie: Mike Nichols) noch mal zu Sigourney Weaver gesagt:

»Flacharsch!«

Was für einen Mann heißt: »eine unweibliche, also nicht schöne Frau«.

Und doch ist die Weaver die Inkarnation aller weiblichen Träume von Schönheit: groß, schlank, sportlich.

Ihr aber in eurem selbstzerstörerischen Wahn tut alles, um euren Po auf eine Ansammlung von Haut und Knochen zu reduzieren, und wenn ihr das nicht schafft, betrachtet ihr euer Erscheinungsbild als Verirrung der Natur und ruiniert euch das Leben.

Doch die Idealmaße eures Gesäßes (in euren Augen) hängen ausschließlich von der Mode ab, die ihr höchstpersönlich erfindet, und zwar nur zu eurem Vergnügen,

Wie Sie Schönheit erlangen

nicht etwa zu dem der Männer. Denn diese sind seit mehreren zehntausend Jahren auf den dicken Hintern fixiert.

So hat es der Schöpfer gewollt.

Vielleicht, weil er ein Mann ist.

Ihr hingegen erschafft die Mode.

Zu eurem eigenen Nutzen und Vergnügen.

Und zu eurem Schaden.

Daher auch der stillschweigende modische Übergang von Brüsten à la Schweizer Milchkuh zu solchen, die gerade einmal Pickelformat haben. Von einem Gesäß, das jede Dreisitzercouch sprengen würde, zu einem mageren Hintergestell, das in den Falten des Picknickstühlchens wie in einem weiten Abgrund versinkt.

Aktuell habt ihr euch offenkundig in den Kopf gesetzt, ein Po vom Format einer Zwetschge sei trendy.

Aus *Frauensicht* natürlich.

Auch eine Methode, die eigene Laune zu heben! Denn schließlich findet sich immer eine Frau, die einen noch größeren Hintern hat als Sie.

Meist aber verderbt ihr euch damit nur die Laune.

Denn natürlich gibt es auch massenhaft Frauen, die einen kleineren Hintern haben als ihr.

Doch selbst wenn man davon ausgeht, dass Männern nun mal ein dicker Hintern gefällt, so sind es doch keineswegs die Maße eures Busens oder eures Pos, die über eure Verführungskünste entscheiden.

Wie Sie ein schönes, reiches Miststück werden

Natürlich verfehlen ein hübscher Po und ein schöner Busen nicht ihre Wirkung.

Doch letztlich hängt alles davon ab, wie Sie beides präsentieren und wie Sie sich bewegen.

Oder würden Sie eine wunderschöne Orchidee, die bereits im Abfall gelegen hat, in einem Müllsack kaufen?

Verpackung ist mit das wichtigste Werbemittel. In mehr als fünfzig Prozent der Fälle entscheidet sie über Erfolg oder Misserfolg des Produkts, wie Ihnen jeder Industrielle bestätigen wird.

Na und?

Auf unser Problem übertragen stellt sich die Frage: Was vermag Männer zu verführen?

Weshalb steigt ihr Adrenalinspiegel und läuft ihnen ein kalter Schauer über den Rücken? Wodurch sträubt sich ihr Haar und läuft ihnen das Wasser im Mund zusammen?

Das liegt einzig und allein daran, wie *provozierend* Sie auftreten. Ob Sie sie *glauben machen*, verfügbar zu sein.

Die Frage ist, ob Sie selbst sich auf dem Silbertablett servieren können, als Appetithäppchen sozusagen, aber natürlich durch eine Glasglocke vor gierigen Fingern geschützt.

Ob Sie zur Karotte werden können, die dem Esel ständig vor der Nase (genauer gesagt, vor dem Maul) baumelt. Stets in Sichtweite und doch unerreichbar.

Wie Sie Schönheit erlangen

Wie die Venus. Hell leuchtend, aber viel zu weit weg.

Ob Sie in die Liga des: »Die würde mir gefallen, aber ich kann sie mir nicht leisten« aufrücken.

Das funktioniert aber nur, wenn Sie verführerisch erscheinen *wollen*.

Was gleichbedeutend ist mit »sich schön *fühlen*«.

Denn Gehirnwellen pflanzen sich auf dieselbe Weise fort wie Radiowellen.

Wenn Ihr Gehirn einen Walzer von Johann Strauß aussendet, fangen die Männer zu tanzen an.

Sendet es jedoch einen Wetterbericht, der auf bevorstehende Regentiefs hindeutet, ziehen sie sich ins Haus zurück und schlagen Wurzeln vor dem Fernseher.

Haben Sie je Bilder von unseren Großmüttern um die Jahrhundertwende oder in den Zwanzigerjahren gesehen?

Die einen mit einem Vorbau, der jedem Motorboot als Puffer Ehre machen würde. Die anderen platt wie der Marmortisch in der Küche.

Und doch strahlen beide Frauengruppen Sicherheit und einen gewissen Übermut aus. Sie sind einfach davon überzeugt, absolute *Superfrauen* zu sein.

Und unsere Großväter, die sich für die Fotos neben den Frauen aufgebaut haben, scheinen *derselben Ansicht* zu sein. Wie meine Tante sagte: Es ist nicht das Huhn an sich, das schmeckt, sondern die Art der Zubereitung.

Ein Riesenhuhn von der Größe eines Truthahns, das

Wie Sie ein schönes, reiches Miststück werden

ohne Salz gekocht auf einem Stück Papier serviert wird, ist wesentlich weniger appetitanregend als ein knuspriges Hähnchen am Spieß mit einer Beilage aus Blumenkohl in Bechamelsauce, gereicht auf einem Teller aus Sèvres-Porzellan.

Alles ist eine Frage der Zubereitung und der Präsentation.

Was wiederum eine Frage der Intelligenz ist.

Beziehungsweise der Einstellung.

Besser gesagt: der *Überzeugungskraft*.

Letztlich kann man also sagen, dass Schönheit eine Frage der Überzeugungskraft ist.

Oder des Selbstbildes.

Wenn Sie sich für schön halten, werden das auch die anderen tun.

Wie das kommt?

Ganz einfach: Von den Radiowellen Ihrer Gedanken, die in den Kopf der anderen eindringen, einmal abgesehen, werden Sie, wenn Sie sich schön fühlen, denken, empfinden, sich zurechtmachen und vor allem sich *bewegen* und *benehmen* wie eine echte Schönheit.

Denn unsere Gedanken, Gefühle, Verhaltensweisen und Handlungen werden von unserem Selbstbild *bestimmt*.

Was zum Teufel soll das für ein Selbstbild sein, wenn Sie sich anziehen wie ein Marineinfanterist oder ein Hafenarbeiter aus Marseille?

Wie Sie Schönheit erlangen

Wie können Sie glauben, dass ein reicher Mann (oder überhaupt irgendein Mann) Sie heiraten wird, wenn Sie sich in dieser Weise zurechtmachen?

Oder wenn Sie gehen wie ein Rugbyspieler und dabei mit den Armen schlenkern wie ein Seemann, der seit seinem vierzehnten Lebensjahr auf einer Ölplattform in der Nordsee arbeitet? Um nur über Ihren Gang zu sprechen.

Was für ein Bild haben Sie von sich in der Tiefe Ihres Seelenkämmerchens, wenn Sie rauchen wie ein türkischer Kuli, fluchen wie ein toskanischer Bauer und anderen auf die Schulter schlagen, als wären Sie ein Fan des FC Chelsea, der sich jeden Samstagabend mit Fußball und Bier zudröhnt?

Vielleicht sprechen Sie auch noch einen Dialekt, der andere erblassen lässt, flechten alle paar Sätze »zum Teufel« ein, tragen Hosen wie ein Hafenarbeiter und Stiefel wie ein Fallschirmspringer. Wenn Sie sich setzen, lassen Sie die Beine weit auseinanderklappen, während Sie ununterbrochen auf einem riesigen Kloß Kaugummi herumkauen.

Was kann es einem Mann da noch bedeuten, dass sich hinter all diesen wenig anmutigen Gebärden ein wunderschöner Körper verbirgt?

Selbst wir Männer, so primitiv, oberflächlich und dumm wir auch wirken mögen, haben ein Minimum an Sensibilität.

Wie Sie ein schönes, reiches Miststück werden

Vor allem aber hassen wir es, wenn wir unsere Fehler in euch widergespiegelt sehen.

Eure Eigenheiten ertragen wir, ohne mit der Wimper zu zucken. Daran sind wir schließlich seit Jahrhunderten gewöhnt, doch wenn ihr jetzt noch unsere Defekte übernehmt, dann ist der Liebreiz dahin.

Zu diesen Defekten gehören: Vulgarität, Obszönität, Aggressivität, Egoismus, Gleichgültigkeit, mangelnde Eleganz und das Fehlen von Takt (Aufzählung unvollständig).

Frauen, die sich wie Männer benehmen, sind uns wahrhaft ein Gräuel.

Aber Frauen, deren ganzes Talent im Schönsein besteht, törnen uns auch nicht wirklich an.

Jene Evastöchter, die einmal pro Woche zum Friseur gehen und dort enorme Summen ausgeben.[14]

Jene, die ein Vermögen für Kleider ausgeben, die sie dann höchstens einmal tragen, aber auf dem Kleiderbügel im Laden waren sie einfach unwiderstehlich (und sehr schwer zu haben).

Jene Frauen, deren Kleiderschränke aus allen Nähten platzen, sodass die einzig wirklich vernünftige Anschaffung kein neues Kleid, sondern ein neuer Schrank wäre.

---

14 Eigentlich kaum zu glauben, doch Friseure sind teurer als Installateure.

Wie Sie Schönheit erlangen

Und dann die Cremes.

Lieber Himmel: Cremes sind echte Wundermittel!

Es gibt Cremes, die wohl aus den Augäpfeln von Neugeborenen gemacht sind, so teuer sind sie.

Aber sie haben nun einmal diese wunderbaren Wirkungen.

Sogar die Mumien aus der zweiten Dynastie des Altägyptischen Reiches verlieren mit diesen Wundermitteln die Falten hinter den Ohren.

Und die Kräuter?

Kräuter sind Allheilmittel. Sie wirken gegen jedes Wehwehchen.

Cellulitis, Ekzeme, Pickel, Wucherungen, Rötungen, Gänsehaut, Sommersprossen: Gegen alles ist ein Kraut gewachsen.

Cremes und Kräuter machen selbst die Medusa zur Schönheit.

Und was Cremes und Kräuter nicht vermögen (ja, selbst diesen Wunderwaffen sind Grenzen gesetzt), schafft der Kräutertee.

Mit Kräutertee lässt sich der menschliche Körper beliebig verformen.

Sie können ihn in einen Heißluftballon verwandeln oder in einen Bleistift.

Kräutertee lässt Sie zunehmen, bis Sie um den ersten Platz im Wettbewerb der fettesten Frau der Welt konkurrieren können. Oder so dünn werden, dass nicht ein-

Wie Sie ein schönes, reiches Miststück werden

mal der Steuerprüfer Sie noch wahrnimmt. (Was seine Vorteile hat.)

Und sollte es der kombinierte Effekt von Creme, Kräutern und Tees nicht schaffen, Sie zur Schönheit zu machen, bleibt Ihnen ja immer noch das Skalpell des Schönheitschirurgen.

Ein Schnitt hier, einer dort, und schon wird aus Ihrem Elefantenrüssel ein zartes Stupsnäschen, Ihr Spardosenmund wölbt sich zu vollen Lippen, die Männern die wildesten erotischen Fantasien einflößen, Ihr Busen verdoppelt seine Größe oder verschwindet ganz, Ihr Po wird eine Backenbreite schmaler, und Ihr Hühnerkopfprofil gleicht schon bald dem edlen Antlitz der Nofretete, der Gemahlin eines ägyptischen Pharaos, die im 3. Jahrhundert vor Christus gelebt hat.[15]

In Wirklichkeit aber bringen all diese Methoden wenig.

Warum?

---

15 Warum alle Frauen aussehen wollen wie Nofretete, ein mageres Weib (unserer Ansicht nach), das im 3. Jahrhundert vor Christus gelebt hat (also uralt ist), ist eines der tausend weiblichen Geheimnisse, die wir Männer wohl nie enträtseln werden. Natürlich wäre es ganz nett, wenn der wahre Grund nicht die (unterstellte) Schönheit Nofretetes wäre, sondern die Tatsache, dass sie den Pharao geehelicht hat, also einen altägyptischen Märchenprinzen. Doch so recht vermögen wir nicht daran zu glauben. Es steht zu befürchten, dass ihr wirklich dem Bild dieser Dame nacheifert. Schließlich ist sie spindeldürr.

Wie Sie Schönheit erlangen

Weil ein plastischer Chirurg aus den USA namens Maxwell Maltz entdeckt hat, dass wahre Schönheit nicht im Körper liegt, sondern im *Geist*.[16]

Und was soll das nun bitte bedeuten? Dass wir einen schönen Geist brauchen?

Nein, denn das wäre eine echte Tragödie, ein Drama ohne Happy End.

Was Maltz damit sagen will und wovon ich Sie überzeugen möchte, ist Folgendes: Schönheit hat ihre Wurzeln nicht im Körper, sondern in unserer *inneren Einstellung*, unserem *Selbstbild*.

Wie auch immer Sie aussehen mögen: Sie sind dann schön, wenn Sie sich *für schön halten* und sich selbst *schön fühlen*.[17]

---

16 Siehe dazu: M. Maltz, *Psycho-Cybernetics. A New Way to Get More Living Out of Life*, New York 1960; in Deutsch erschienen unter dem Titel: *Erfolg kommt nicht von ungefähr*, Düsseldorf 1993.

17 Ich habe gesagt: »schön«, nicht »atemberaubend schön« oder »umwerfend schön«. Ich weiß, dass alle mit Cellulitis, Warzen, Pickeln, dicken Hintern und riesigen Brüsten gesegneten Frauen nun aufschreien werden. Das ist nur natürlich. Sie haben ein negatives Selbstbild und halten dieses für wahr. Doch wahr wird es erst, weil die Betroffenen fest daran glauben. Auch eine Frau mit Cellulitis, Warzen, Pickeln, einem dicken Hintern und riesigen Brüsten (Die so genannten Herrenmagazine sind voll von Frauen mit den beiden letztgenannten Attributen. Auch dies wieder ein Hinweis darauf, dass Männer auf dicke Hintern und riesige Brüste stehen.) ist in den Augen eines Mannes schön, wenn sie sich richtig anzieht und sich richtig präsentiert. Haben Sie sich je gefragt, warum in den Nachtclubs so wenig Licht herrscht? In gedämpftem Licht

Wie Sie ein schönes, reiches Miststück werden

Wenn Sie aber im Streben nach mehr Schönheit nur an Ihrem Körper feilen statt an Ihrem Geist, dann ist dies nicht nur einfach der falsche Weg. Letztlich nämlich überzeugen Sie sich auf diese Weise selbst davon, dass Sie *nicht* schön sind.

Und wenn Sie selbst sich nicht für schön halten, dann werden es die anderen erst recht nicht tun.

So etwas spüren wir Männer. So wie ihr Frauen spürt, dass ein Mann keine feste Bindung eingehen, sondern nur mit euch ins Bett will.

Uns Männern gefallen in erster Linie Frauen, die sich schön fühlen, nicht solche, die es objektiv sind.

Ihnen ist sicher schon aufgefallen, dass es Frauen gibt, die beileibe nicht perfekt sind, aber sich so fühlen und mit den Hüften wackeln, als wären sie die begehrenswertesten Frauen der Welt.

Ich weiß ja, dass sie euch Frauen wirklich auf den Wecker gehen, ja, dass ihr sie regelrecht hasst.

Uns Männern aber gefallen sie nun mal.

Habt ihr nicht immer schon gesagt, dass Männer Dummköpfe sind?

Und doch benehmt ihr euch, als wären wir Super-

---

wirken alle Frauen schön. Vor allem, wenn sie sich verhalten, als wären sie es. Denken Sie doch an das alte Pygmäensprichwort: »Wie hässlich eine Frau auch sein mag, es haftet ihr immer etwas Köstliches an.« Besonders nach einer längeren Fastenperiode. Für den Pygmäen, meine ich.

Wie Sie Schönheit erlangen

Intelligenzbestien, die am liebsten einer Heiligen nach-
steigen, die ein härenes Büßergewand trägt und noch
nie die Hüften geschwungen hat.

Nun ja. So klug sind wir nun wirklich nicht.

Schönheit an sich interessiert uns nicht.

Die Damen, welche die Miss-Wahlen gewinnen, sind
in unseren Augen unerreichbare Schönheiten.

Wir wissen schlicht nicht, was wir mit diesen Schönheiten, die im Bett steif sind wie die Puppen, die unsere
Großmütter auf den Ehebetten drapierten, anfangen
sollen – außer sie an unserem Arm hängend vorzufüh-
ren, um den Neid anderer Männer zu erwecken.

Aber dieses Vergnügen währt eben auch nicht ewig,
und wir sind es bald leid.

Wie gesagt: Männer interessieren sich nicht für atemberaubende Schönheiten.

So wie Frauen sich nicht für *Bodybuilder* interessieren.

Oder kennen Sie eine Frau, die auf Bodybuilder abfährt?

Wenn ja, dann ist sie entweder in der Pubertät oder
vom Wahnsinn befallen.

So ähnlich verhält es sich mit den superschönen Frau-
en und uns Männern.

Eure Schönheit ist euer Problem (ähnlich wie bei den
Bodybuildern).

Schönheit ist nur für Frauen ein Problem.

Wie Sie ein schönes, reiches Miststück werden

Oder stimmt es vielleicht nicht, dass ein interessanter Mann euch mehr anzieht als ein schöner?[18]

Warum begreift ihr dann nicht, dass auch auf einen Mann eine interessante Frau anziehender wirkt als eine atemberaubende?

Für uns allerdings ist »interessant« gleichbedeutend mit »verführerisch«.

Fast die gesamte Werbung baut auf die verführerische Seite der Frau.

Wobei eines klar sein sollte: Hier geht es schlicht und simpel um *sexuelle Verführung*.

Zuallererst in *Frauen*zeitschriften.

Nun müsst ihr Frauen mir nur noch erklären, weshalb ihr euch Kleider kauft, Schuhe, Gesichtscremes, Taschen ...

Warum ihr zum Friseur geht, zur Kosmetikerin, zum Schönheitschirurgen ...

Doch nur, damit ihr den Models aus euren Frauenzeitschriften ähnlicher seht.

Ohne Erfolg natürlich.

Doch auf das Naheliegendste kommt ihr natürlich nicht.

---

18 Als ich sechzehn Jahre alt war, fragte ich meine Mutter, eine Frau von großer Erfahrung und Weisheit: »Mama, wie stellt man es an, eine Frau zu erobern?« Und meine Mutter antwortete: »Um Frauen zu erobern musst du entweder sehr gut aussehen oder sehr interessant sein. Du konzentrierst dich besser aufs Interessantsein.«

Wie Sie Schönheit erlangen

Auf das, was alle Männer interessiert.

Denn jede Werbebotschaft beruht darauf, dass die Models *verführerisch* aussehen.

Ihr schaut auf den Finger, nicht auf den Mond.[19]

Eine Kutte macht noch keinen Mönch, meine Damen, die ihr euch anzieht wie die armen Sünder und euch benehmt wie tugendhafte Heilige.

Begreift doch endlich ein für alle Mal, dass Schönheit, wie ihr sie seht, ein ewiger Traum ist, dem ihr euer Leben lang nachlauft, der ewige Apfel der Zwietracht, der euch voneinander trennt. Für uns Männer ist Schönheit etwas anderes.

*Weibliche Schönheit ist für Männer
etwas anderes als für Frauen.*

Für Männer liegt die Schönheit einer Frau weniger in ihrem Körper als in der Art und Weise, wie sie diesen bewegt – wie schon Isadora Duncan wusste.[20]

---

19 »Der Finger, der auf den Mond zeigt, ist nicht der Mond selbst. Ein intelligenter Mensch blickt in die Richtung, in die der Finger weist. Doch ein Mensch, der nur auf den Finger schaut und ihn mit dem Mond verwechselt, wird den Mond nie sehen.« Dieser Ausspruch stammt von Siddharta Gautama Shakyamuni, auch Buddha genannt. (Sutta Pitaka, Majihima Nikaya, Dighanakha Sutta)

20 Isadora Duncan vertrat die Auffassung, dass Tanz, also harmonische Bewegung, ein Lebensstil ist, eine der vielen Verführungskünste der Frau. (Siehe dazu ihre Biografie: *Memoiren*, Frankfurt

Wie Sie ein schönes, reiches Miststück werden

**Für einen Mann liegt
die Schönheit einer Frau nicht in
ihrem Körper, sondern in der Weise,
wie sie ihn bewegt.**

Und zwar inner- und außerhalb der gemeinsamen Lagerstatt.

Je harmonischer und schlangengleicher sie sich bewegt, desto deutlicher wird, inwieweit sie gewillt ist, *verführerisch* zu wirken.

Was ihr wiederum Freude macht, weil sie sich *begehrt* und somit *schön* fühlt.

Wie ich Ihnen bereits gesagt habe: Schönheit ist eine Frage der eigenen Überzeugung, also des Selbstbilds.

**Schönheit ist eine Frage
des Selbstbilds.**

Und für Ihr Selbstbild sind nur Sie verantwortlich.

Wie aber kommt man nun zu einem positiven Selbstbild? Genau darum geht es im nächsten Abschnitt.

1988). Die orientalische Kultur hat daraus eine Kunst gemacht. Die Verführungskunst der orientalischen Frauen zeigt sich vor allem im Bauchtanz.

Wie Sie Schönheit erlangen

Das Selbstbild

Unser Selbstbild bestimmt unsere Reaktionen, Gedanken, Gefühle und Verhaltensweisen.

Kurz gesagt: unser Leben.

Und unser Glück.

Wenn ich obdachlos bin, mich aber wie ein König fühle, bin ich glücklich.

Bin ich aber König und fühle mich als Versager, dann bin ich unglücklich.

Wissenschaftlich ausgedrückt ist das Selbstbild: *das Ergebnis dessen, was an Urteilen über uns selbst in unserem Gedächtnis gespeichert ist. Es steht für die Modelle, mit denen wir uns identifizieren.*

Mit Gedächtnis ist in diesem Fall unser *Unbewusstes* gemeint.

Unser Selbstbild entsteht also im Unbewussten.

Aus diesem Grund sind wir uns dessen gewöhnlich nicht bewusst.

Doch wenn unser Selbst sich auch normalerweise ohne unser Zutun formt, so können wir es doch bewusst beeinflussen.

Wir sind es letztlich, die über unser Selbstbild bestimmen.

Wir können unser Selbstbild formen.

Wie Sie ein schönes, reiches Miststück werden

Es genügt schon, wenn wir wissen, wie es im Normalfall entsteht.

Es entsteht durch die ständige Wiederholung eines bestimmten *Bildes* oder eines *Gedankens*, mit dem wir uns identifizieren können.

Das Selbstbild lagert sich im Gedächtnis ab, wenn wir ein Bild oder einen Gedanken, mit dem wir uns identifizieren, des Öfteren wiederholen.

Unser Selbstbild wird geschaffen durch ständige Wiederholung eines Bildes oder Gedankens, mit dem wir uns identifizieren.

Wenn Sie sich ständig vorsagen: »Ich bin hässlich.« Oder: »Ich gefalle niemandem.« Beziehungsweise: »Ich bringe ohnehin nichts zustande.« Und: »Mit mir stimmt etwas nicht«, dann sehen Sie sich als hässliches Entlein. In Ihrem Gedächtnis entsteht also das Selbstbild des hässlichen Entleins.

Dann *werden* Sie natürlich auch zum hässlichen Entlein, weil Sie sich wie ein hässliches Entlein *fühlen*.

Ihr Unbewusstes suggeriert Ihnen Verhaltensweisen, die Ihrem Selbstbild entsprechen.

Ihr Unbewusstes suggeriert Ihnen Verhaltensweisen, die Ihrem Selbstbild entsprechen.

Wie Sie Schönheit erlangen

Das Negativurteil anderer Menschen trägt dazu bei, Ihr negatives Selbstbild zu verstärken. Eltern, die ihren Kindern ständig negative Dinge sagen, machen aus ihnen unsichere und depressive Menschen.

Doch dieser Teufelskreis lässt sich durchbrechen.

Verstecken Sie sich nicht hinter der Ausrede, Sie fühlten sich hässlich, weil die anderen Ihnen sagen, Sie seien es.

Normalerweise tun das ohnehin nur neidische »Freundinnen« oder andere Frauen, die Sie im Wettlauf um die Beute Mann gerne ausstechen möchten.

Lassen Sie sich auf diese Ausrede erst gar nicht ein.

Wenn Sie sich ein positives Selbstbild schaffen, dann machen sich auch andere ein positives Bild von Ihnen, weil Ihr Verhalten genau dies ausstrahlt.[21]

Ihr Selbstbild kann positiv oder negativ sein.

Warum aber sollten Sie ein negatives Bild von sich schaffen?

Kann es etwas Dümmeres geben?

Was bitte bringt ein negatives Selbstbild – außer einem ruinierten Leben und der mangelnden Fähigkeit, sich den Wechselfällen des Lebens zu stellen?

Was nun Ihre Schönheit als Frau angeht, die – wie wir gesehen haben – in Ihrer Verführungskunst besteht:

---

21 Eine genauere Beschreibung dieses Verhaltens findet sich in meinem Buch: *Alla ricerca delle coccole perdute*, Mailand 2004.

Wie Sie ein schönes, reiches Miststück werden

Wie kommen Sie nur auf die Idee, Sie könnten niemanden verführen?

Wenn Sie wollten, könnten Sie selbst einen tibetischen Mönch verführen!

Sie müssen nur davon überzeugt sein, dass Sie es schaffen.

Und natürlich müssen Sie es *wollen*.

Denn das Problem besteht heutzutage längst nicht mehr darin, wie man verführerisch ist, sondern schlicht darin, dass die meisten Frauen es nicht wollen.

> *Nicht die mangelnden Verführungskünste*
> *der Frau sind das Problem, sondern*
> *der mangelnde Wille zur Verführung.*

Warum nur wollen Frauen nicht mehr verführerisch sein?

Die meisten Männer glauben, das sei eine Frage der Hormone.

Sie glauben, dass all die Hormone, die man euch mit Hühner- und Rindfleisch mittlerweile verabreicht hat, euch eure Weiblichkeit genommen haben.

Sie denken einfach nicht daran, dass Frauen über Jahrhunderte hinweg darauf angewiesen waren, verführerisch zu sein, um das eigene Überleben und das der Kinder zu sichern.

Auf Kosten ihrer Freiheit.

Wie Sie Schönheit erlangen

Heute aber haben sie gelernt, ohne Männer auszukommen und daher auch ohne ihre ursprünglichen Verführungskünste.

Doch die weibliche Fähigkeit zur Verführung ist ein Geschenk der Natur und kann auch zum Vergnügen dienen, zum Spaß, sozusagen als Mehrwert der eigenen Persönlichkeit.

Selbst als Geschenk an den Mann.

Nur wenn er es verdient, natürlich.

Außerdem ist die Kunst der Verführung eine großartige Taktik, die Sie längst nicht mehr zum Überleben einsetzen müssen, sondern dazu benutzen können, reich zu werden!

Doch wenn Sie reich werden wollen, müssen Sie auch schön werden!

Und wenn Sie Ihre Schönheit nutzen wollen, müssen Sie verführerisch sein!

Ja, Sie müssen zur Verführerin werden.

Sagen Sie sich: »Ich bin eine große Verführerin.«

»Ich bin die Wiedergeburt Kleopatras, Poppeas, Katherinas von Medici, die Reinkarnation der Pompadour, die Tochter Mata Haris, Marlene Dietrichs, Juliette Grecos und Marilyn Monroes!«

»Ich bin Greta Garbo und Rita Hayworth!«

»Ich bin Sharon Stone in *Basic Instinct*!«

Die die Männer verrückt gemacht hat, nicht weil sie so schön war, sondern weil sie keinen Slip trug!

Wie Sie ein schönes, reiches Miststück werden

Wie Aschenputtel!

Denn das ist die Wahrheit, die man stets vor kleinen Mädchen verbirgt, um sie nicht zu schockieren.

Aschenputtel war nicht schön, aber sie trug keinen Slip!

Oder glauben Sie, die Mäuse und Vögel, die Aschenputtel ihr Kleid brachten, hätten ihr auch einen Slip gebracht?

Nein, meine Damen!

Aschenputtel hatte keinen Slip!

Und deshalb gelang es ihr, den Prinzen zu verführen!

Auch Sie können einen reichen Mann heiraten, der vielleicht kein Märchenprinz ist, weil es keine Märchenprinzen gibt, der aber durchaus in der Lage ist, Sie *reich* zu machen.

Es genügt, wenn Sie keinen Slip mehr tragen.

Was Sie natürlich nicht jedem sagen müssen.

Nur *ihm*.

Männer drehen durch, wenn sie entdecken, dass eine Frau keinen Slip unter dem Rock trägt.

Unter Hosen interessiert sie das Thema nicht.

Aber unter dem Rock!

Männer verlieben sich beinahe augenblicklich in Frauen, die einen Rock tragen, aber keinen Slip darunter.

Wenn Sie mir das nicht glauben, dann gucken Sie doch *Basic Instinct* an (Teil I natürlich).

Wie Sie Schönheit erlangen

Oder halten Sie Michael Douglas für einen Vollidioten?

Es genügt also, wenn Sie den Mann verführen.

Und sich heiraten lassen.

Doch um den Kerl zu verführen, müssen Sie *verführerisch* sein.

Zu diesem Zweck aber müssen Sie von sich ein Bild haben, das Sie als verführerische Frau zeigt.

Dieses Selbstbild entsteht durch *Wiederholung* von Bildern und Gedanken.

Sie müssen also ein wenig an sich arbeiten, um dieses Selbstbild von sich als verführerischer Frau zu schaffen.

Und wie stellen Sie das nun an?

Zunächst einmal wählen Sie sich ein Vorbild.

Aufgepasst: Keine dieser atemberaubenden Schönheiten, sondern eine *verführerische* Frau.

Sonst fallen Sie wieder in das schwarze Loch der Schönheit, die nur um ihrer selbst willen existiert.

Ein Loch, aus dem es kein Entkommen gibt.

Das Kino bietet uns eine unerschöpfliche Vielfalt an Vorbildern.

Nehmen wir zum Beispiel Marilyn Monroe.

Sie wissen sehr gut, dass Marilyn Monroe nicht schön war.

Ihr Busen war zu groß, ihre Hüften zu breit für ihre Größe.

Sie hatte kurze und schiefe Beine.

Wie Sie ein schönes, reiches Miststück werden

Auch das Gesicht war ungeschminkt nicht gerade ein Hingucker.

Frauen wie sie gibt es im Supermarkt in rauen Mengen.

Doch geschminkt wie eine große Verführerin, in Kleidern mit einem geradezu Schwindel erregenden Dekollete und einem exzellenten BH sah sie dann deutlich besser aus.[22]

Aber vor allem sprach sie, seufzte sie und bewegte sich wie eine Frau, der die Liebe gefällt.

Und das wiederum gefällt den Männern.

Denn in ihren Augen macht sie das verführerisch.

Sie können sich als Vorbild Marilyn Monroe aussuchen, Sharon Stone oder eine beliebige Schauspielerin, vorausgesetzt, sie ist verführerisch.[23]

Sie kann auch schön sein, doch sollte dies nicht ihr wesentlicher Charakterzug sein.

---

22 Auch ein nicht ganz so vorstehender Busen und ein flacher oder cellulitischer Hintern können gut aussehen, wenn sie in einem guten BH und einem sexy Mieder stecken. Unsere Großmütter wussten dies nur zu gut und haben es auch weidlich ausgenützt. Sie trugen atemberaubende Mieder (in diesem Fall war es allerdings *ihr* Atem, den das Mieder raubte). Der Mann nämlich wird mehr von der Vorstellung erregt als vom Anblick selbst – zu seinem Unglück und eurem Glück. Man nennt das Ganze auch *Erotik*. Schon mal davon gehört?

23 Die Tatsache, dass ich Ihnen hier ausschließlich Schauspielerinnen ans Herz lege und nicht etwa Ihre Nachbarin, sagt doch alles über den heutigen Stand der Verführungskunst. Verführung ist

Wie Sie Schönheit erlangen

Das Wesentliche an ihr sollte sein, dass sie die Kunst der *Verführung* beherrscht.

Setzen Sie Ihren kritischen weiblichen Verstand ein, um die Schönheit Ihres Vorbilds zu demontieren, falls die Frau auch schön sein sollte.

Wenn Sie wollen, finden Sie unter Garantie mindestens tausend körperliche Mängel an ihr.

Je mehr Sie finden, desto besser.

Dann fühlen Sie sich ihr nämlich in puncto Schönheit nicht unterlegen, und das ist – wie wir ja mittlerweile wissen – nun einmal Ihre Hauptsorge.

Doch was diese Dame als Verführerin leistet, sollten Sie neidlos anerkennen.

Sehen Sie sich den Film, in dem sie die weibliche Hauptrolle spielt, so oft wie möglich an. Studieren Sie genau, wie sie sich bewegt, was sie trägt, wie sie spricht und wie sie die Männer ansieht.

Lernen Sie von ihr.

Dann beginnen Sie, sich zu bewegen, sich anzuziehen und zu sprechen wie sie.

Imitieren Sie Ihr Vorbild. Nicht nur hin und wieder, sondern immer dann, wenn Sie mit einem Mann zusammen sind.

---

eine Vorstellung, die man gibt. Natürlich gibt es auch Frauen, die von Natur aus verführerisch sind, und das vierundzwanzig Stunden am Tag. Aber von Ihnen würde ich so etwas nie verlangen.

Wie Sie ein schönes, reiches Miststück werden

Niemals hingegen, wenn Sie mit einer Frau zusammen sind.

Frauen hassen verführerische Geschlechtsgenossinnen.

Normalerweise verzichten sie selbst nämlich darauf, diese Rolle zu spielen und verfolgen die Verführerin daher mit Neid.

Für die Gattung Mann aber sollten Sie werden *wie Ihr Vorbild*.

Achtung! Das bedeutet nicht, dass Sie *zu Ihrem Vorbild werden*.

Sie müssen werden *wie* sie.

So verführerisch wie sie.

Faszinierend wie sie.

Abends, bevor Sie schlafen gehen, stellen Sie sich vor, Sie sind diese Frau und haben ein Abenteuer nach dem anderen mit den reichsten Männern der Welt.

Wenn Sie darauf bestehen und eine gewisse Leidenschaft für Hungerleider hegen, können Sie sich auch vorstellen, mit Ihrem Nachbarn auszugehen. Oder mit wem immer Sie wollen.

Diese Fantasien nämlich stärken Ihr Selbstbild, bis es ganz von selbst Wirklichkeit wird.

Und dann kommt der große Sprung: die *Identifikation*.

Um Ihr Unbewusstes zu überreden, dass es Sie mit Ihrem Vorbild gleichsetzt, müssen Sie ein *Mantra* wiederholen.

Wie Sie Schönheit erlangen

Im Geiste natürlich, wenn Sie nicht in der Klapse landen wollen.

Ihr Mantra wird sein: »Ich bin eine große Verführerin.«

Sie werden dieses Mantra auf Ihren Atem abstimmen.

Ich bin   *Einatmen*
eine große Verführerin. *Ausatmen*

Wie oft sollen Sie dieses Mantra wiederholen?

Dauernd, mindestens einen Monat lang.

Finden Sie, dass ein Monat zu viel ist? Verglichen mit all den Jahren, die Sie andernfalls im Glauben verbringen, Sie seien ein armes, hässliches Entlein?

Die Libido

Die Trickkiste der großen Verführerin unterscheidet sich nicht wesentlich vom Verhalten der Weibchen verschiedener Tierrassen, wenn diese ihre Männchen zur Begattung anlocken wollen.

Haben Sie vielleicht zufällig mal beobachtet, wie die Makakenweibchen zum Liebesspiel auffordern?

Sie lassen sich so vom nächsten Baum hängen, dass ihr tomatenrotes Hinterteil direkt vor den Augen des Männchens schwingt, sodass der Ärmste das einzig

Wie Sie ein schönes, reiches Miststück werden

ernsthafte Anliegen seines Daseins (nämlich sich von Flöhen zu befreien) vergisst und mit blutunterlaufenen Augen seiner Pflicht nachkommt, bis das Weibchen »Schluss jetzt!« brüllt.

Eigentlich haben die Zoologen noch gar nicht herausgefunden, ob der Schrei des Weibchens »Schluss jetzt!« oder »Mach gefälligst weiter!« bedeutet.

Eins aber ist sicher: Es schreit.

Nur die Ruhe, ich habe ja nicht gesagt, dass Sie dieses Verhalten nachahmen sollen.

Im nicht-intimen Zusammenhang würde ein solches Verhalten mit Sicherheit als unanständig betrachtet.

Was beweist, dass das Fernsehen durch und durch unmoralisch ist.

Was ich Ihnen nahelege, ist, dieses Prinzip auf menschliche Verhältnisse zu übertragen.

Am besten nehmen Sie sich ein Beispiel an den Männchen der Vogelwelt.[24]

---

24 Die Vögel sind das Meisterwerk des Schöpfers. Papa Pinguin zum Beispiel bleibt drei Monate lang mit dem Ei zwischen den Füßen und dreißig Grad unter Null auf dem Eis stehen und wartet, bis Mama Pinguin vom Restaurant zurückkehrt. Das ist schließlich das Mindeste, was er tun kann. Ein wertvoller Beitrag zur Erhaltung der Familie. Doch offensichtlich schien dies dem Schöpfer nicht weiter nachahmenswert, denn die Männchen der Säugetiere ziehen Leine, sobald sie sich mit dem Weibchen vergnügt haben. Sie hauen einfach ab. Na ja, was soll's? Gott ist eben auch nur ein Mann.

Wie Sie Schönheit erlangen

Haben Sie je einem Pfau zugesehen, wenn er vor dem Weibchen sein Rad schlägt?

Er zeigt sich ihr in all seiner Pracht.

Genau das sollten Sie auch tun.

Stopp! Verstehen Sie mich nicht falsch.

Am besten erkläre ich das erst mal genauer.

Sie sollen Folgendes tun: sich aufplustern wie ein Pfau.

Sich zur Schau stellen.

Sich anbieten.

Mehr nicht.

Provozieren.

Wie gesagt: Männern gefallen provokante, verführerische Frauen, nicht die besagten atemberaubenden Schönheiten.

Dies entspricht im wurmzerfressenen Gehirn des Mannes dem, wofür im Gehirn der Frau die Schönheit steht.

Verführung.

Oder: *sexuelle Provokation.*

Verführung ist nichts anderes als sexuelle Provokation.

Männer finden Frauen attraktiv, die sich auf sexueller Ebene *provozierend* verhalten.

Wie Sie ein schönes, reiches Miststück werden

Männer finden Frauen verführerisch,
die sexuell provozieren.

Sagen wir es frank und frei, damit Sie ein für alle Mal
verstehen, was ich meine.

Sie sollten ein wenig nuttig wirken.

Männern gefallen Frau, die so ein klein bisschen nuttig wirken.

Männern gefallen Frauen,
die einen Hauch von Hure haben.

Die Sizilianer, die nahe genug am Äquator wohnen, um
sich in der Materie wirklich auszukennen, haben da ein
treffliches Sprichwort: »Außen Heilige, innen Hure.«

Gut, das ist vielleicht ein wenig drastisch formuliert,
aber die Idee kommt doch gut rüber.

Ein Hauch von Hure heißt ja noch nicht Stricherin.

Die Angst der Frauen, von den Männern für eine Hure
gehalten zu werden, wenn sie ihren Lustgefühlen freien
Lauf lassen, sollten Sie einfach vergessen.

Männern gefällt es, wenn Frauen zeigen, dass sie Lust
haben.

Es stimmt nicht, dass Männer von solchen Frauen
einen schlechten Eindruck haben.

Denn Männer mögen Frauen, die ein klein bisschen
nuttig wirken.

Wie Sie Schönheit erlangen

Der beste Beweis dafür ist doch, dass sie zu Prostituierten gehen.

Dabei geht es weniger um Sex an sich als um die Tatsache, dass Prostituierte die einzigen Frauen sind, die Lust offen praktizieren und zumindest so tun, als sei Sex ihr Lebenselixier, was den Männern so gefällt, dass sie selbst die jämmerlichste Inszenierung bereitwillig schlucken.

Männer lieben die Erotik, die aus dem Zeigen weiblicher Lust entsteht, nicht den Sex an sich.

Glauben Sie mir, wenn Sie ein klein bisschen Hure spielen, indem Sie Ihre Lust zeigen, dann wird kein Mann Sie für eine Prostituierte halten.

Er wird Sie als verführerisch empfinden.

Ich weiß, das ist für Sie schwer zu glauben, doch genau so ist es.

Zwischen Hure und Prostituierter gibt es einen Unterschied.

Der Hure macht Sex Spaß, und sie macht keinen Hehl daraus.

Eine Hure ist eine lüsterne Frau, welche dümmliche sexualfeindliche Moralvorstellungen zu Unrecht verdammen.

Eine Prostituierte aber hat keinen Spaß am Sex.

Sie lässt ihn vielmehr über sich ergehen wie eine frigide Ehefrau.

Häufig ist sie das auch.

Wie Sie ein schönes, reiches Miststück werden

Frigide, meine ich.

Sie muss es sein, um den Job besser hinzukriegen.

Eine Prostituierte ist eine Frau, die sexuelle Dienstleistungen für meist zu wenig Geld erbringt, weshalb sie einem leidtun kann.

Sie ist eine Sexarbeiterin.

Und alles andere als reich.

Sie aber sind eine *Verführerin*.

Ihre Aufgabe ist nicht Dienstleistung, sondern Verführung.

Eine vollkommen natürliche Aufgabe.

Alle Weibchen, gleich welcher Art, erfüllen sie.

Verführung ist etwas Unterschwelliges, Raffiniertes, Feinsinniges. Keinesfalls darf sie laut, vulgär und zu offensichtlich daherkommen.

Sie müssen vielmehr den Mann glauben machen, dass Sie von ihm verführt wurden.

In Wirklichkeit ist es natürlich umgekehrt.

Denn die Geschichte vom Mann als großem Verführer ist reiner Unsinn.

Sie wurde von Männern in die Welt gesetzt, die damit ihr winziges Ego aufbauen wollten.

Kein Mann hat es im Laufe der Geschichte je geschafft, eine Frau zu verführen, die nicht verführt werden wollte.

In Wahrheit verführt die Frau den Mann.

Sie schmeichelt ihm, indem sie ihm Verfügbarkeit

Wie Sie Schönheit erlangen

vorgaukelt. Dann müht er sich ab und tut sein Bestes, um sie zu etwas zu verleiten, von dem sie ohnehin längst weiß, dass sie es tun wird.

Aber natürlich ist sie klug genug, um ihn glauben zu lassen, er habe das Ruder in der Hand.

Es stimmt schon, im Tierreich wirbt das Männchen um das Weibchen.

Aber wenn das Täubchen, nachdem der Täuberich eine halbe Stunde mit aufgeblasenem Kropf gurrend um sie herumgetanzt ist, beschließt, dass sie ihn nicht haben will, schwingt sie sich elegant auf in die Lüfte, und der Täuberich bleibt wie ein wahrer Einfaltspinsel sitzen.

Denn ein Täuberich, der ohne Täubchen mit aufgeblasenem Kropf gurrend herumtanzt, ist tatsächlich ein Einfaltspinsel.

In Wahrheit sind Sie es, die bei der Verführung aktiv wird.

Sorgen Sie dafür, dass er dies durch Ihren Körper erfährt, Ihre Augen, Ihre Hände und Lippen.

Durch Ihre Worte.

Ihre Worte müssen das Thema umtänzeln wie Bienen, die auf einer Blumenwiese nach Nektar suchen.

Bienen befühlen die Blumen, schmecken daran, speichern den Standort im Gedächtnis ab. Den Nektar aber rühren sie nicht an. Das Sammeln ist Aufgabe der Arbeiterinnen, die aufgrund der von den anderen Bienen

Wie Sie ein schönes, reiches Miststück werden

gesammelten Informationen die Blumenwiese bald finden.

Bleiben Sie also bei der Anspielung.

Keine Direktheiten.

Seien Sie schelmisch, aber nicht albern.

Gewagt, aber nicht vulgär.

Verführerisch eben.

Die Fähigkeit zur Verführung ist eine der hohen Künste der *Weiblichkeit*.

Dass diese edle Kunst mittlerweile vernachlässigt wird, ist ebenfalls ein typisch weibliches Faktum. Der Grund dafür ist Konkurrenz und Neid.

Männer wissen diese Kunst seit je zu schätzen.

Die hohe weibliche Kunst der Verführung wurde vom weiblichen Geschlecht über Jahrhunderte hinweg praktiziert und von gebildeten wie ungebildeten Schichten gleichermaßen geschätzt.

Bis fast zum Ende des 19. Jahrhunderts beherrschte die hohe weibliche Kunst der Verführung die eleganten Salons ebenso wie die billigen Kaschemmen, den königlichen Palast genauso wie die Matratze in der elendsten Hütte. Literatur und Kunst feierten sie gleichermaßen.

Dann kam gegen Ende des 19. Jahrhunderts das Zeitalter Königin Victorias mit seiner ganzen sexuellen Unterdrückung. In seinem Gefolge wuchs sich die Hysterie (eine schwere Neurose, ausgelöst durch Angst vor

Wie Sie Schönheit erlangen

allem Geschlechtlichen) bei Frauen geradezu zur Epidemie aus. Die hohe weibliche Kunst der Verführung wurde als anstößig, unanständig und unmoralisch gebrandmarkt und aus dem Leben der Menschen verbannt.

Zu Sigmund Freuds großem Glück, der damit ein Vermögen machte.[25]

Und daran hat sich bis heute nichts geändert.

Nicht an Freuds Vermögen, sondern am Umgang mit der weiblichen Kunst der Verführung.

Was eine große Dummheit ist und außerdem wider die Natur.

Denn es war die Natur selbst, die diesen Mechanismus ersonnen hat: Männer werden von Frauen verführt, damit sie das mühselige Geschäft der Paarung auf sich nehmen und so den Fortbestand der Art sichern.

Können Sie sich vorstellen, wie eine Paarung ohne Erregung, folglich ohne Lust abläuft?

---

25 Freud würde ich ja heute gerne mal sehen, in einer Zeit, in der es an allen Ecken und Enden Neurosen gibt, ohne dass man sagen könnte, wo sie herkommen. Kein Mädchen bekommt heute mehr den Schock fürs Leben, wenn es Mama mit Papas Pimmel in der Hand erwischt. Stattdessen bekommen ganze Scharen von Mädchen heute Panikanfälle oder hungern sich anorektisch zu Tode, und kein Mensch weiß, warum. Genauer gesagt: Kein Mensch wusste, warum. Ich nämlich habe es herausgefunden. Siehe dazu mein Buch: *Alla ricerca delle coccole perdute*, Mailand 2004. Aber ich bin ja nicht Freud.

Wie Sie ein schönes, reiches Miststück werden

Ein wirklich mühseliger Job, den keiner freiwillig auf sich nehmen würde.

Aus diesem Grund hat der Schöpfer uns die Lust an der Paarung gegeben.

Sonst würden wir uns nämlich nicht paaren.

Wir hätten uns als Art kein bisschen entwickeln können, wären in Null Komma nichts ausgestorben, und der Schöpfer hätte ziemlich blöd ausgesehen.

Die Lust wurde vom Schöpfer ersonnen, nicht von uns.

Die Idee stammt nicht von uns, sondern von der Natur selbst.

Und was flüstert uns das Tao zu? Sich gegen die Natur zu stellen ist Ursache all unserer Beschwerden.

Genau das nämlich ist der eigentliche Grund, weshalb so viele Frauen so ungeheuer frustriert sind: Sie investieren viel Zeit, Geld und Mühe in eine Art und Weise, sich schön zu machen, die für Männer völlig uninteressant ist, weil sie die Frauen nicht verführerisch macht.

Was aber ist nun – vom Standpunkt des Psychologen aus betrachtet – Verführung genau?

Nun, in der Psychologie sprechen wir von *Libido*.

Also von sexuellem Verlangen.

Was Männer anzieht ist nicht etwa die abstrakte Schönheit einer Frau, sondern die Ausstrahlung von Lust und Verlangen.

Wie Sie Schönheit erlangen

**Männer fühlen sich nicht von der Schönheit
einer Frau angezogen, sondern von ihrer Libido.**

Eine Frau, die Verlangen ausstrahlt, hält jeder Mann für attraktiv.

Auch wenn er reich ist.

Frauen hingegen halten eine Frau für schön, wenn sie – je nach Modediktat – BH-Größe 75A oder 90D hat, Slipgröße 36 oder 44, weiße oder schwarze Haut, Narben oder keine Narben und so weiter.

Afrikanische Frauen eines bestimmten Stammes zum Beispiel halten sich für schön, wenn sie so viele Narben wie möglich haben, vorzugsweise im Gesicht.

Eine Frau aber, die alle Frauen für schön halten, ist für einen Mann gänzlich unattraktiv, wenn sie kein Verlangen ausstrahlt. Dann ist sie für den Mann eine Trophäe, nichts weiter.

Männer interessieren sich für die Libido der Frau, nicht für ihre Schönheit.

Weibliche Schönheit besteht für einen Mann im weiblichen Verlangen.

**Für einen Mann ist weibliche Schönheit
gleich weiblicher Libido.**

Wenn eine Frau Verlangen ausstrahlt und gleichzeitig bildschön ist, gefällt sie uns Männern.

Wie Sie ein schönes, reiches Miststück werden

Wenn sie nur Verlangen ausstrahlt, ohne atemberaubend schön zu sein, gefällt sie uns auch.

Doch wenn sie nach weiblichen Vorstellungen schön ist, ohne Verlangen auszustrahlen, dann interessiert sie uns Männer nicht.

Glauben Sie denn wirklich, uns Männern gefielen diese magersüchtigen Hühner, die über die Laufstege defilieren?

Falls sie uns gefallen, dann nur weil sie durch ihre Bewegungen Verlangen ausstrahlen, nicht weil sie weder hinten noch vorne bestückt sind.

Männer scheinen es sehr erotisch zu finden, wenn Frauen ein Bein vor das andere setzen wie mechanische Puppen.

Was alles über unsere Intelligenz sagt.

In Wirklichkeit geht es dabei nur um den *Hüftschwung*, mit dem die Damen das tun.

Was aber versteht man nun eigentlich unter Libido?

Die menschliche Libido entspricht der *Brunst* bei den Tieren.

Diesen gegenüber besitzen wir einen entscheidenden Vorteil: Wir können jederzeit brünstig werden.

Die armen Viecher dagegen können das nur ein oder zwei Mal im Jahr.

Wenn wir brünstig werden, ist dies ein Akt, der sich in unserem *Kopf* abspielt.

Wir müssen nur daran *denken*.

74

Wie Sie Schönheit erlangen

Das Problem ist nur, dass wir das so gut wie *nie* tun.[26]
Diese unglückselige Neigung nimmt zu, je weiter wir uns vom Äquator entfernen.

Am Äquator hingegen denkt man an nichts anderes.

Das ist wohl eine Frage der Temperaturen.

Denn es heißt ja immer, man solle es möglichst an einem warmen, geschützten Ort tun.

Am Nordpol denkt man daher kaum daran.

Aus diesem Grund wohnt dort auch kaum jemand.

Das erste Hindernis auf Ihrem Weg zur verführerischen Schönheit (in den Augen der Männer) ist also: Sind Sie bereit, Ihre *Libido* aus dem Sack zu lassen?

Wie Sie sehen, ist dies kein körperliches Hindernis. Es geht nicht darum, ein bisschen Hüftspeck abzubauen, sich die Brust verkleinern zu lassen oder die Cellulitis loszuwerden.

Sie müssen einfach nur Ihre *Einstellung* verändern.

Sätze wie die folgenden sollten Sie von nun an tunlichst vergessen: »An so etwas denke ich ganz bestimmt nicht!« Oder: »Wenn er etwas von mir will, wird er sich

---

26 Eine Dame aus einer »besseren« Wohngegend fragte mich einmal: »Professor, finden Sie mich schön?« Sie war groß, gut aussehend und trug einen Pelz. »Wunderschön, meine Dame«, antwortete ich ihr. »Warum finde ich dann keinen Mann?«, fragte sie weiter. Ich forschte nach. »Denken Sie denn manchmal daran? An die bewusste Sache, meine ich.« »Natürlich nicht«, antwortete sie. »Wofür halten Sie mich?« »Und warum sollte dann ein Mann daran denken, wenn er Sie erblickt?«

Wie Sie ein schönes, reiches Miststück werden

schon melden.« Und: »Ich verführe niemanden!« Beziehungsweise: »So weit kommt es noch, dass ich tue, was er will« und: »Ich bin schließlich keine Hure!«

Im Grunde liegt das Problem ganz einfach.

Wollen Sie ein reiches, schönes Miststück werden?

Oder wollen Sie ein armes, hässliches Entlein bleiben?

Wenn Sie sich nun für das Miststück entscheiden, dann müssen Sie den Weg einschlagen, den ich Ihnen hier vorstelle.

Verführung.

Also *Libido.*

Wenn Sie ein reiches, schönes Miststück werden wollen, müssen Sie Ihre Libido befreien.

Wenn Sie das nicht wollen, gut, auch in Ordnung.

Alles, was ich mit meinen Ausführungen sagen will, ist: In den Augen der Männer besteht Schönheit aus Ihrer Begabung für die Kunst der Verführung, also aus Ihrer Libido. Das aber ist eine Fähigkeit, die sich erwerben lässt, auch wenn man sie nicht im Schönheitssalon kaufen kann.

Eine Fähigkeit, die in Ihrem Kopf bereits vorhanden ist. Sie müssen sie nur ausgraben.

Sollten Sie wirklich keinerlei Libido besitzen, dann tun Sie wenigstens so, als ob.

Wie Sie Schönheit erlangen

Haben Sie keine Libido, dann tun Sie einfach so.

Die Fähigkeit, Männer zu verführen, liegt Ihnen im Blut, seit Hunderten von Jahren.

Dasselbe gilt für die Schauspielkunst.

Diese haben Sie von Ihren Großmüttern und Urgroßmüttern erlernt.

Sie müssen sie nur wiederentdecken.

Entdecken Sie Ihre Weiblichkeit wieder.

Wenn Sie gehen, wackeln Sie mit den Hüften wie alle Frauen, statt im Stechschritt zu marschieren wie ein Ledernacken oder dahinzuwanken wie ein Yeti.

Wenn Sie einen Mann ansehen, dann tun Sie das möglichst von unten her, so als würden Sie ihn verspeisen wollen oder als könnten Sie es gar nicht erwarten, von ihm genommen zu werden.

Sehen Sie ihn nämlich von oben an, dann erinnert ihn das an seine Mama, die ihn gerade dabei erwischt, wie er den Finger ins Marmeladenglas oder in den Hosenschlitz steckt.

Wenn Sie mit einem Mann reden, dann kitzeln Sie sein Ego, indem Sie ihm kleine Schmeicheleien sagen, statt ihn mit Beleidigungen und Beschwerden zu überhäufen.

Setzen Sie auf die Macht des Wortes, um sein Verlangen zu wecken, statt ihm das Neueste aus den Nachrichten zu erzählen.

Wie Sie ein schönes, reiches Miststück werden

Nicht zu vergessen: Wenn er die Nachrichten ansieht, bewahren Sie Stillschweigen.

Wenn Sie wirklich etwas sagen müssen, dann tun Sie das möglichst erst beim Wetterbericht.

Sex

Reden wir nicht lange um den heißen Brei herum: Mit Sex fängt man Männer.

Natürlich ist auch eine schöne Seele zweckdienlich.

Aber erst später.

Anfangs geht es nur um Sex.

Ein Mann ist hinter Ihnen her, weil er Sie flachlegen will.

Dies ist sein ursprüngliches Ziel, und Sie wissen das.

Es ist sinnlos, wenn Sie es mit Ihren inneren Werten, Ihrer schönen Seele, Ihrem edlen Charakter und dergleichen versuchen.[27]

Frauen, die von einem Mann verlangen, sie um ihrer schönen Seele willen zu lieben, haben keine Ahnung vom Leben und bleiben aus diesem Grund meist allein.

Schöne Seelen, aber ohne Partner.

---

27 Ein Mann, der eine wenig ansehnliche Frau hatte, sagte einmal zu seinem Freund: »Aber sie hat innere Werte.« Worauf dieser antwortete: »Vielleicht kannst du sie ja wenden lassen!«

Wie Sie Schönheit erlangen

Freilich, früher oder später kommt dann der Charakter zum Vorschein.

Irgendwann entdeckt man dann meist, dass es ein mieser Charakter ist.

Aus diesem Grund sollten Sie wirklich von Anfang an auf Sex setzen, sonst merkt er noch, dass Sie einen miesen Charakter haben.

Zu Anfang, wenn er noch voll auf Sie abfährt, können Sie sich alles erlauben.

Sie können launisch sein, wie Sie wollen, ihn zum Teufel schicken, so oft es Ihnen einfällt, einmal wollen, dann wieder nicht wollen, ihm um den Hals fallen, um ihn gleich danach zu ignorieren, ihn bewundern und verachten – all das ist drin.

Männer sind Masochisten: Ihr Verlangen steigt ins Unermessliche, wenn die Frau, die sie lieben, sie schlecht behandelt.

Natürlich braucht er hin und wieder auch ein Zuckerl, denn nur Masochismus verträgt nicht einmal ein Elefant.

Letztlich aber ist Masochismus gar nicht einmal so selten.

Der Masochismus nämlich ist Teil des Jagdinstinkts.

Es gibt Männer, welche die ganze Nacht frierend im Regen in einer winzigen Hütte darauf warten, dass irgendwelche Vögel über ihre Köpfe hinwegziehen, damit sie auf diese schießen können.

Wie Sie ein schönes, reiches Miststück werden

Keine Frau würde so etwas je tun.

Bevor er bekommt, was er will, und natürlich auch währenddessen, erträgt der Mann schlichtweg alles.

Die Natur hat ihn diesbezüglich mit einer Hartnäckigkeit und Widerstandsfähigkeit ausgestattet, neben der der Staudamm von Assuan wie die Sandburg eines Kindes wirkt.

Beim Mann ordnet sich alles der Erhaltung der Art unter.

Auch das Ehrgefühl.

Eigentlich gerade das Ehrgefühl.

Danach aber ist nichts mehr wie zuvor.

Nachdem die Leidenschaft verflogen ist, gelten andere Gesetze.

Daher müssen Sie Ihre Ansprüche möglichst zu Anfang sichern.

Sozusagen das Eisen schmieden, solange es heiß ist.

Sex ist für Sie dasselbe wie das Schwert für den Kreuzritter, der Doppelagent für den KGB, das Holzpferd für Odysseus und Dynamit für die Panzerknacker.

Unterschätzen Sie die Macht der Sexualität nicht.

Niemals.

Sex ist der körperliche Aspekt der Libido.

Im Kopf eines Mannes sieht das so aus: »Je mehr Libido, desto mehr Sex.«

Von einer Frau mit intensiver erotischer Ausstrahlung erwartet ein Mann mehr Sex.

Wie Sie Schönheit erlangen

Denn das ist es, was der Mann von der Frau will: viel Sex. So wie Frauen auf die Mutterschaft ausgerichtet sind, ist der Mann auf Arterhaltung programmiert, also auf Paarung. Was gleichbedeutend ist mit »viel Sex«.

Unverständlicherweise beschwert ihr Frauen euch in der Öffentlichkeit immer wieder darüber. Ihr werft den Männern vor, von euch immer »nur das Eine« zu wollen: Sex.

Unter vier Augen allerdings beschwert ihr euch, wenn die Leistungen eures Mannes nachlassen.

Wie ihr seht, seid ihr ganz schön widersprüchlich.

Was natürlich völlig normal ist.

Wir Männer erwarten ja gar nicht, dass Frauen ohne Widersprüche sind.

Wir nehmen das seit Hunderten von Jahren hin wie den Schnee im Winter.

Aber es wäre doch ganz schön, wenn ihr euch das endlich einmal klarmachen beziehungsweise es auch offen zugeben würdet.

Und zwar weniger uns als euch selbst gegenüber.

Das wäre wirklich von großem Nutzen für euch.

Es geht nicht um den Versuch, nicht mehr widersprüchlich zu sein, der im Übrigen völlig sinnlos wäre, da die Wirklichkeit ja selbst widersprüchlich ist.

Es geht darum, uns so zu akzeptieren, wie wir sind: sexbesessen.

Das ist unser Instinkt.

Wie Sie ein schönes, reiches Miststück werden

Wir denken nun mal an nichts anderes, wenn wir eine Frau sehen.[28]

Wenn Männer Frauen sagen, dass sie keineswegs ständig an Sex denken, dann tun sie das nur, um die Frauen nicht zu beunruhigen.

Doch im Grunde wisst ihr ja Bescheid.

Es wäre übrigens gar nicht schlecht, wenn auch ihr hin und wieder daran denken würdet.

Sex heißt *Initiative*.

Sie sollten lernen, beim Sex die Initiative zu ergreifen.

Was gleichbedeutend ist mit: »aktiv werden«.

Dass Frauen beim Sex möglichst passiv sein sollten, ist ein Mythos.

Und woher kommt dieser Mythos?

Hat er vielleicht etwas mit ihrem »guten Ruf« zu tun?

Natürlich, aber Moral ist kein Ersatz für Erotik.

Denn für einen Mann ist eine passive Frau eine Frau ohne Libido: so aufregend wie gekochter Fisch.

So interessant wie für euch Frauen ein impotenter Mann.

Eine sexuell aktive Frau, die im Bett die Initiative ergreift, ist für einen Mann faszinierend, weil sie ihm ihre

---

28 Sagte ein Mann einmal zu seinem Arzt: »Herr Doktor, ich glaube, ich bin ein Hermaphrodit.« Der Arzt untersucht ihn eingehend und antwortet ihm dann: »Ich sehe hier nur ein männliches Geschlechtsorgan. Wo wäre denn das weibliche?« Worauf der Mann auf seine Stirn deutete: »Hier, Herr Doktor, hier.«

Wie Sie Schönheit erlangen

Erregung und ihr Verlangen schenkt, beides ein starkes Aphrodisiakum für den Liebhaber.

Sie müssen also lernen, wie man Sex macht.

Ich weiß ja: Wenn Sie daran gewöhnt sind, keinen Sex zu haben, dann haben Sie bald auch keine Lust mehr darauf.

Selbst wenn nicht stimmt, was darwinistisch angehauchte Onanierer behaupten, nämlich dass der ständige Gebrauch die betroffenen Organe größer werden lässt (in diesem Fall nämlich hätten wir riesige Geschlechtsorgane), so stimmt es doch, dass der stete Gebrauch Lust auf mehr macht.

Je öfter Sie es tun, desto öfter haben Sie Lust darauf.

Je weniger Sie es tun, desto seltener haben Sie Lust darauf.

Das ist wie beim Essen, Trinken, Rauchen und so weiter.

Wenn Sie Ihr Projekt in die Tat umsetzen wollen, müssen Sie so viel Sex wie möglich haben.

Nur so haben Sie Gelegenheit zu lernen, wie man guten Sex macht.

Und um möglichst viel Appetit darauf zu haben.

Doch hier ist auch Vorsicht geboten!

Mit IHM, dem Mann, den Sie heiraten wollen, dürfen Sie nicht zu häufig Sex haben.

Eine Woche der Leidenschaft ist das Maximum, das sich im Übrigen nicht wiederholen darf.

Wie Sie ein schönes, reiches Miststück werden

So eine Woche aber können Sie ihm ruhig gönnen.

Zeigen Sie ihm, was Sie können, wenn Sie das wollen.

Aber dann ist Schluss.

Dann wird der Sex gnadenlos rationiert.

Von dieser Woche muss er künftig träumen.

Er muss sich so heftig nach diesem Gefühl sehnen, dass er Sie am Ende heiratet, nur um so etwas wieder zu erleben.

Erinnern Sie sich an unsere Großmütter und die Geschichte mit der Jungfräulichkeit?

Eine rein männliche Erfindung.

Jeder Mann möchte schließlich der Erste und Einzige sein.

Im Grunde Blödsinn: ein echtes Eigentor.

Denn am Ende wendeten die Frauen das Blatt damit zu ihren Gunsten.

Auf diese Weise nämlich erreichten sie, dass sie den Wünschen des Mannes nicht sofort nachgeben mussten. Endlich konnten sie ihn zur Heirat zwingen.

Entweder du heiratest mich oder es gibt nichts.

Diese Regel zwangen unsere Großmütter unseren Großvätern auf.

Und die Großväter heirateten sie, nur um sie haben zu können.

Alle konnten sie haben, die Frauen aus der Bar, aus dem Casino, vom Markt, aber nein, Ihre Großmutter musste es sein.

Wie Sie Schönheit erlangen

Warum?

Weil sie eben nicht zu haben war.

Weil der Mann auf Eroberung *programmiert* ist.

Er ist darauf geeicht, Frauen zu erobern.

Wenn er eine Frau erobern will, ist er zu allem fähig.

Auch zur Heirat.

Sobald er dann verheiratet ist, will er eine andere.

Warum?

Weil er so programmiert ist.

Der Mann ist instinktiv polygam.

Männer sind instinktiv polygam.

Denken Sie an den Höhlenmenschen: Können Sie sich vorstellen, wie das gehen soll, ein Mann in einer Höhle, ein Leben lang mit derselben Frau?

Zwanzig Jahre lang höchstens ein Kind pro Jahr.

Das ist an sich schon verrückt.

Dann hätten wir nämlich Milliarden Jahre gebraucht, um die Erde zu bevölkern.

Daher hat die Natur dem Mann den *Harem* geschenkt.

Auf diese Weise konnte er viele Frauen der Reihe nach schwängern und dafür sorgen, dass sich die Art schnell ausbreitete.

Der Mann muss des Öfteren die Frau wechseln, wenn er Erregung empfinden will.

Wie Sie ein schönes, reiches Miststück werden

Das ist tragisch, aber so ist es nun mal.

Solange Sie diese Tatsache nicht akzeptieren, werden Sie in Ihrer Beziehung zu Männern nie einen Schritt weiterkommen.

Nicht nur, dass Sie kein reiches, schönes Miststück werden, Sie werden es nicht einmal schaffen, einen einzigen Mann zu halten.

Nicht einmal einen simplen Hungerleider.

Um sexuelle Erregung zu empfinden, muss der Mann ständig die Frau wechseln.[29]

Aus diesem Grund ist es für den Mann wirklich nicht von Bedeutung, ob die Frau schön ist oder nicht.

Denn ihn erregt ohnehin nur eines: *eine neue Frau.*[30]

**Das einzig echte Aphrodisiakum für einen Mann
ist eine neue Frau.**

Für dich ist das eine Plage.

---

29 Vittorio Sgarbi, einem bekannten italienischen Fernsehstar, warf man während einer seiner Sendungen einmal vor, dass er quasi jede Woche die Frau wechsle. Er antwortete: »Ich bin vollkommen normal. Sexuell abartig sind jene Männer, die es das ganze Leben lang mit nur einer einzigen Frau tun.«

30 Erinnern Sie sich an den Song des großen Liedermachers Fabrizio De André: »... ma sarà la prima che incontri per strada, che tu coprirai d'oro per un bacio mai dato, per un amore nuovo ...« (Dt.: »... und die Erste, die dir auf der Straße begegnet, wirst du mit Gold überschütten für einen Kuss, den sie dir nie gegeben hat, für eine mögliche neue Liebe ...«)

Wie Sie Schönheit erlangen

Aber glaub mir, für ihn nicht weniger.

Es bedeutet nämlich, dass er ständig auf der Suche sein muss.

Mit all den Erschwernissen und Widrigkeiten, die nicht nur die Situation ihm bereitet, sondern natürlich auch Sie.

Das ist nicht ironisch gemeint.

Ich möchte Ihnen hier keineswegs die klassischste aller männlichen Ausreden unterjubeln.

Ganz im Gegenteil: Dies ist eine objektive Beschreibung der tatsächlichen Situation.

Wenn Sie einen Mann sexuell an sich binden wollen, müssen Sie alles ständig verändern.

Frisur, Kleidung, Umfeld und Verhalten.

Möglichst auch die Stellung.

Was natürlich auch bedeutet, dass Sie sich ihm so selten hingeben, dass er jedes Mal den Eindruck hat, mit einer ganz neuen Frau zusammen zu sein, ja ein Abenteuer zu erleben.

Männer lieben Abenteuer.

Der Mann liebt das Abenteuer.

Die Eroberung.

Der Mann liebt die Eroberung.

Wie Sie ein schönes, reiches Miststück werden

Die Jagd.

Der Mann liebt die Jagd.

Der Mann geht seit Tausenden von Jahren in der Savanne auf die Jagd nach Frauen.

Dieser Instinkt ist ihm geblieben.

Der Mann will sich instinktiv mit so vielen Frauen wie irgend möglich paaren.

Daher ist es eine fromme Illusion zu hoffen, der Mann könne sexuell treu bleiben.

Sexuell gesehen ist der Mann nicht treu.

Dem Mann fällt es leicht, auf emotionaler Ebene treu zu sein, in sexueller Hinsicht gelingt ihm das nicht.

Gefühlsmäßig aber ist der Mann sehr viel treuer, als die meisten Frauen glauben.

Emotional betrachtet ist der Mann treu.

Wenn er eine Frau liebt, kehrt er stets zu ihr zurück.

Sexualität ist für den Mann nur ein körperlicher Akt ohne jede emotionale Bedeutung.

Für den Mann ist Sexualität
nur ein körperlicher Akt.

Wie Sie Schönheit erlangen

Genau das ist es, was ihr Frauen einfach nicht begreifen wollt.

Ihr seid so sehr in eurer Gleichsetzung von Sex und Gefühlen befangen, dass ihr euch nicht einmal vorstellen könnt, dass der sexuelle Akt auch ganz ohne emotionale Beteiligung ablaufen kann.

Wenn euer Mann Sex mit einer anderen Frau hat, glaubt ihr, er liebe euch nicht mehr.

Völlig falsch.

Das trifft vielleicht für Frauen zu, für Männer mit Sicherheit nicht.

Tausende von Ehen habt ihr zerstört, nur weil ihr das nicht einsehen wollt.

Und natürlich macht ihr fröhlich so weiter.

Dies ist der eigentliche Grund für die ewigen Missverständnisse zwischen Mann und Frau: dass Frauen sich Sex nicht ohne Gefühle vorstellen können, für Männer aber Sex und Gefühle streng getrennt sind.

> *Der ewige Geschlechterkampf zwischen*
> *Mann und Frau beruht letztlich darauf,*
> *dass Männer Sex und Liebe trennen,*
> *Frauen nicht.*

Wenn euer Mann mit einer anderen Frau schläft, fühlt ihr Frauen euch betrogen.

Und zwar auf der *Gefühlsebene.*

Wie Sie ein schönes, reiches Miststück werden

Für einen Mann hingegen ergibt das Wort »betrogen« in diesem Zusammenhang keinen Sinn.

Jedenfalls nicht mehr, als würdet ihr sagen, er habe euch betrogen, weil er im Restaurant gegessen hat und nicht zu Hause.

Für einen Mann nämlich ist Sex gleichbedeutend mit einer guten Mahlzeit!

Ich weiß, dass das für Frauen schwer zu ertragen ist, aber so ist es nun einmal.

Für einen Mann hat Sex mit einer anderen Frau nichts mit seiner emotionalen Beziehung zur eigenen zu tun.

Meist erinnert er sich nicht einmal mehr, wie die Frau hieß, mit der er Sex hatte.

Das ist ähnlich wie mit den Geburts- und Jahrestagen.

Von einem Mann zu verlangen, er solle sich Geburts- und Jahrestage merken, ist so ähnlich, als würde man eine Frau bitten, doch endlich die Diebstahlsicherung in der Garage selbst zu programmieren.

Auch hier ist jede Hoffnung vergebens. Und natürlich auch die Wut, die ihr Frauen angesichts dieses Naturgesetzes empfindet. Die ist etwa genauso sinnvoll, als würde man sich darüber aufregen, dass es regnet.

Männer haben ständig irgendwelche Strategien, Lösungen, Vorkehrungen, Strukturen, Pläne und Organisationsschemata im Kopf.

Wie Sie Schönheit erlangen

Der männliche Kopf funktioniert anders als der eure, in dem ihr ständig die Aspekte und Hintergründe irgendwelcher emotionalen Beziehungen, Bindungen und Partnerschaften inklusive sämtlicher Spannungen wälzt.

Geburts- und Jahrestage haben für Männer keinerlei Bedeutung. Das liegt daran, dass sie im Allgemeinen wenig Sinn für das Symbolische haben. Aus diesem Grund muss er sie in seinen Terminkalender eintragen, um sich daran zu erinnern.

Was er nur tut, um euch einen Gefallen zu erweisen. Um nett zu sein.

Denn ihm bedeuten sie wirklich gar nichts.

Er hält sie sogar für absoluten Schwachsinn, für nutzlose Formalitäten.

Wenn er sie nicht in den Terminkalender einträgt oder am Ende gar nicht daran denkt, darin nachzusehen, vergisst er sie ganz einfach.

Ich habe schon Ehen und Verlobungen in die Brüche gehen sehen, nur weil der männliche Partner einen Jahrestag übersehen hat.

Ich weiß, ich weiß: Für euch Frauen geht es dabei ums Prinzip.

Trotzdem solltet ihr aufpassen, dass ihr am Ende nicht mit dem Fisch in der Hand dasteht.[31]

---

31 Siehe weiter vorne die Geschichte vom Russen und vom Chinesen.

Wie Sie ein schönes, reiches Miststück werden

Gefühle selbst sind für einen Mann keine überflüssige Formsache, sondern ein ganz wesentlicher Bestandteil seines Lebens.

Er liebt Sie und damit Schluss.

Das bedeutet auch, dass er die Notwendigkeit, dies ständig unter Beweis zu stellen, einfach nicht sieht.

Rosen, Torten, Kerzen, Liebeslieder, Kärtchen – all das habt ihr Frauen erfunden.

Er spielt da nur mit, weil er weiß, dass er Ihnen damit eine Freude macht.

Weil er Sie liebt.

Für ihn selbst haben all diese Symbole keinerlei Bedeutung.

Daher ist er Ihnen auch nicht böse, wenn Sie ihn nicht damit überhäufen.

Ein Mann wird Ihnen nie eine Szene machen, weil Sie seinen Geburtstag oder Namenstag vergessen haben.

Ich weiß, für Sie ist es schwierig zu glauben, dass er Sie liebt, wenn er Ihren Geburtstag vergisst, aber auch das ist einfach eine Tatsache.

Wenn er Ihnen beweisen will, dass er Sie liebt, dann geht er nach Belgien in eine Kohlengrube und schickt Ihnen regelmäßig zwei Drittel seines Monatslohns, um Ihnen und den Kindern ein gutes Leben zu ermöglichen.

Er zieht in den Krieg, um Ihres Heimes und Ihrer Sicherheit willen.

Wie Sie Schönheit erlangen

Er kauft Ihnen Erdbeeren im Winter, weil er weiß, dass Sie Gelüste haben.

Und er fährt Sie mitten in der Nacht in die Entbindungsklinik.

Oder macht Überstunden, damit er Ihnen einen Pelzmantel schenken kann.

So sind Männer nun mal: absolute Materialisten.

Aber das ist nicht der einzige Unterschied zwischen Männern und Frauen.

Nach den endlosen Szenen, die ihr ihnen über die Jahrhunderte gemacht habt, haben die Männer endlich begriffen, dass symbolische Akte euch wichtig sind.

Möglicherweise vergessen sie diese Akte gelegentlich, aber sie wissen, dass ihr großen Wert darauf legt.

Ihr hingegen habt bis heute nicht verstanden, dass Männern dieser symbolische Kram nichts sagt und dass sie ihn geradezu für Schwachsinn halten.

Denn anders als der Mann, der sich mit der Wirklichkeit um ihn herum auseinandersetzt, tragt ihr eure Wirklichkeit in euch.

Das mag daran liegen, dass das männliche Geschlecht euch viel zu lange dazu verdammt hat, eure eigenen vier Wände nicht zu verlassen.

Alles, was sich außerhalb eures Innenlebens abspielt, interessiert euch nicht.

Zum Beispiel Sex ohne Liebe.

Wie Sie ein schönes, reiches Miststück werden

Für euch ist diese Vorstellung absurd, buchstäblich undenkbar.

Ihr seid nicht einmal in der Lage, euch so etwas vorzustellen, geschweige denn zuzugeben, dass es möglich ist, oder es zu akzeptieren.

Aus diesem Grund begreift ihr die Männer einfach nicht.

Beim Mann sind Sexualität und Gefühlswelt getrennt.

Der Mann trennt Sexualität von Gefühl.

Vergesst das niemals.

Denn auch dies ist ein Trick der Natur, um den Mann zu so vielen Paarungen wie möglich anzustacheln.

Können Sie sich einen Höhlenmenschen vorstellen, der sich nicht paart, weil er nicht verliebt ist?

Das wäre das Ende der menschlichen Rasse.

Und wie würde dann unser Schöpfer dastehen?

Männer sind nicht wie Frauen.

Das wird Ihnen kaum glaubhaft erscheinen, aber Männer sind wirklich anders.

Vollkommen anders sogar.

Um die ganze Wahrheit zu sagen: Männer sind das genaue Gegenteil von Frauen.

Gefühle wirken auf Männer nicht erregend. Insofern unterscheidet sich der Mann von Ihnen.

Wie Sie Schönheit erlangen

Für ihn sind Gefühle eher ein Hindernis, was die Sexualität angeht. Manchmal werden sie sogar zur Ursache von Impotenz.

Gefühle können für einen Mann
Ursache von Impotenz sein.

Zu viel Zärtlichkeit erstickt den männlichen Trieb im Keim. Der Mann muss, um Erregung zu empfinden, die Frau jagen und erobern können.

Früher geschah das, indem er sie über die Savanne verfolgte.

Heute verfolgt er sie durch die Stadt oder am Handy.

Doch er braucht ständig eine neue Frau, wenn seine Sexualität intakt bleiben soll.

Wenn er ständig eine neue Frau bekommt, wird selbst ein Achtzigjähriger noch einmal zum Stier.

Mittlerweile kursiert ja das Gerücht, dass der Mann, wenn er über sechzig ist, seine sexuelle Potenz allmählich verliert.

Dies ist eine Legende, die nur in einer durch und durch monogamen Gesellschaft entstehen konnte.

Der Mann läuft Gefahr, impotent zu werden, wenn er ständig Sex mit derselben Frau hat.

Hat er ständig Sex mit derselben Frau,
kann dies beim Mann zu Impotenz führen.

Wie Sie ein schönes, reiches Miststück werden

Selbst wenn er noch keine sechzig Jahre zählt.

Das liegt am Gewöhnungsfaktor. Gewohnheit ist nun einmal das genaue Gegenteil von dem, was den Mann am meisten erregt, nämlich das Neue.

Sie ist gleichsam das männliche Gegenstück zu dem, was bei Frauen als unmittelbarer Lustkiller wirkt, nämlich die Tatsache, nicht mehr verliebt zu sein.

Wenn eine Frau einen Mann nicht mehr liebt, ist sie sexuell nicht mehr erregbar.

Was Sie sehr gut wissen.

Gefühle sind nun einmal das weibliche Aphrodisiakum schlechthin.

Für Männer hingegen ist es das Neue.

Das männliche Aphrodisiakum ist das Neue.

Zu glauben, ein Mann könne sexuell treu sein oder so zu tun, als ob er das tatsächlich wäre, ist ein verhängnisvoller Irrtum.

Nicht nur für ihn, sondern auch für Sie.

Die meisten Ehen gehen aus diesem Grund kaputt.

Der Mann hat das körperliche und seelische Bedürfnis, mit mehr als einer Frau Sex zu haben.

Daher wird auch die Geliebte früher oder später für ihn zur Routine.

Er muss einfach etwas Neues haben.

Ihn deshalb schuldig zu sprechen ist ein Fehler.

Wie Sie Schönheit erlangen

Er hat diesbezüglich keine Wahl. Und es ist keineswegs sein schlechter Charakter, der ihn dazu treibt.

So schlau ist er gar nicht.

Es ist einfach Instinkt.

So wie Sie sich instinktiv Kinder wünschen.

Natürlich kann er es sich verkneifen, ständig die Frau zu wechseln. So wie Sie nicht unbedingt Kinder haben müssen. Aber ist dies wirklich der richtige Pfad zum Glück?

Jeder Mensch ist auf der Suche nach Glück, und Ihr Mann tut dies, indem er Sie betrügt.

Stimmt es vielleicht nicht, dass Männer Verräter, Betrüger und Ehebrecher sind?

Sie haben es ja immer schon gesagt.

Stimmt es vielleicht nicht, dass Männer stets bereit sind, ihre Frau bei jeder Gelegenheit zu betrügen?

Auch das haben Sie immer schon gesagt.

Wie Sie sehen, haben Sie Recht.

Was nicht heißen soll, dass es keine Männer gibt, die ihr Leben lang monogam bleiben.

Eine strenge Erziehung, das gesellschaftliche Regelwerk oder eine starke Religiosität können dafür sorgen, dass Männer monogam leben.

Doch dieses Leben widerspricht ihrem Instinkt.

Wie es dem Instinkt der Frau widerspricht, keine Kinder zu haben.

Auch wenn er Sex nur hat, um sich fortzupflanzen,

Wie Sie ein schönes, reiches Miststück werden

was ja nun nicht ständig geht, lebt der Mann weitgehend monogam.

Das ist so ähnlich wie vollkommene Enthaltung.

Was natürlich ebenso möglich ist.

Gewohnheit, also lebenslanger Sex mit nur einer Frau, beraubt den Mann jeder Erregung.

Aus diesem Grund heißt es, dass die Ehe das Mausoleum der Liebe ist.

Was nicht den Tatsachen entspricht.

Die Ehe ist nicht das Mausoleum der Liebe, sondern der Sexualität.

Also müssen Sie ihm Sex streng rationiert verabreichen, damit er nicht zur Gewohnheit und zur Routine wird.

Denn was bedeutet Sex für den Mann?

Erregung.

Der normale Mann zieht keine Lust aus dem Orgasmus, auch wenn er es kaum erwarten kann, ihn zu erreichen. Der Orgasmus ist für den Mann, anders als für die Frau, ein enorm kurzer Augenblick, der der Lust ein Ende bereitet.

Daher ist Lust für den Mann in erster Linie eines: Erregung.

Wenn Sie also einem Mann Lust schenken wollen, müssen Sie ihn in Erregung versetzen.

Was nicht bedeutet, dass Sie ihn auch befriedigen müssen.

Wie Sie Schönheit erlangen

Daher ist Ihr Verlangen so wichtig.

Denn das Verlangen der Frau, sei es nun echt oder gespielt, erregt den Mann, verschafft ihm Lust, *verführt* ihn.

So merkwürdig Ihnen das auch vorkommen mag: Männer sind so scharf auf weibliches Verlangen, dass sie zwischen echt und falsch nicht unterscheiden können. Was sich allein aus der Tatsache ersehen lässt, dass Männer Prostituierte frequentieren.

So wie sie nicht zwischen einem echten und einem falschen Orgasmus unterscheiden können.

Sicher erinnern Sie sich an die berühmte Restaurantszene aus *Harry und Sally* (Rob Reiner, 1989)!?

Eben diese Tatsache erlaubt den Frauen seit Jahrhunderten, mit Männern zu verfahren, wie ihnen beliebt: Sie spielen im Notfall die Lusterfüllte, selbst wenn ihnen gar nicht danach ist.

»Verführen« heißt also immer auch: »an der Nase herumführen«.

So ähnlich wie mit der Karotte, die den Esel nasführt.

Und zwar pausenlos.

Genau das ist Ihre Aufgabe: Sie müssen zur Karotte werden und ihn ständig im Zustand latenter Erregung halten.

Mit Erregung, Täuschung und der Aussicht auf Sex können Sie von einem Mann haben, was immer Sie wollen.

Wie Sie ein schönes, reiches Miststück werden

Wenn er erregt ist und die Karotte namens Sex vor seiner Nase baumeln sieht, ist er zu allem fähig.

Ein von Männern erfundenes Märchen schreibt Homer folgenden Ausspruch zu: »Ein Frauenhaar zieht stärker als ein Ochsengespann.« (Im Original geht es nicht um die Frau als Ganzes, sondern nur um einen kleinen Teil von ihr, das jedoch erschien mir dann doch etwas zu grob.)

Das stimmt natürlich nicht (der Spruch ist nicht von Homer!), aber es zeigt recht schön, was ich Ihnen sagen möchte.

Wenn ein Mann sich von einer Frau angezogen fühlt, durchmisst er Ozeane, überquert Kontinente, gründet oder zerstört ganze Königreiche.

Was die Beispiele von Paris, Menelaos, Odysseus, Marc Anton, Lancelot und Napoleon deutlich zeigen.[32]

Angesagt sind also: sehnsuchtsvolle Blicke, unausge-

---

32 Napoleon, ein politisches und militärisches Genie, schrieb während seines Italienfeldzuges an seine Joséphine: »Ich habe nicht einen Tag zugebracht, ohne dich zu lieben. Nicht eine Nacht habe ich dich nicht in meinen Armen gehalten. Nicht eine Tasse Tee habe ich getrunken, ohne die Ruhmsucht und den Ehrgeiz zu verfluchen, die mich vom Herzstück meines Lebens fernhalten. Ob ich nun in Geschäften tätig bin, an der Spitze meiner Truppen stehe oder durch die Wälder streife, stets bist du es, angebetete Joséphine, die mein Herz, meinen Geist, mein Denken beherrscht.« (Siehe G. Gerosa, Napoleone, Bd. 1, Mailand 1995, S. 143, deutsche Übersetzung E. Liebl)

Wie Sie Schönheit erlangen

sprochene Andeutungen, gewagte Anspielungen, zufällige Berührungen mit der Hand, da und dort ein unerwarteter Einblick in Körper oder Seele, der sofort wieder entzogen wird.

Auch das ist Sex.

Wie war das doch? Der Mann liebt seine Fantasien mehr als die Wirklichkeit.

Seine Vorstellungen mehr als die Tatsachen.

Die Andeutung mehr als das ausgesprochene Wort.

Das Versprechen mehr als dessen Einlösung.

Ist das bei Ihnen nicht genauso?

Aus diesem Grund erregt eine halbnackte Frau einen Mann weit mehr als eine nackte.

In der Bibel heißt es, die Hebräer hätten ihren Frauen befohlen, sich zu bekleiden, weil der ständige Anblick der nackten Tatsachen negative Auswirkungen auf das Bevölkerungswachstum hatte.

Merke: Nie vollständig nackt.

Zeigen Sie sich nie vollständig nackt.

Auch Coco Chanel, eine der anerkannten Sachverständigen auf dem Gebiet der Verführung, war dieser Ansicht: »Surtout, mesdames, ne vous ôtez jamais les bas et les chaussures.« (»Aber vor allem, meine Damen, legen Sie nie die Strümpfe und die Schuhe ab.«)

Wie die weibliche Erregung, wie Sie sehr gut wissen,

Wie Sie ein schönes, reiches Miststück werden

meine Damen, in erster Linie durch Berührung entsteht, so erwächst die männliche aus dem Blick.

Männliche Erregung entsteht im Auge.

In der Natur läuft das so ab: Der Mann sieht die Nackt-
heit der Frau und wird erregt. Er berührt die Frau, was
auch sie erregt, und schon kommt es zur Paarung.

Warum sollte man die Ordnung der Dinge umkeh-
ren?

Schließlich hat sie Jahrtausende ihren Dienst getan
und wird dies meiner Ansicht nach auch weiter tun.

Sie dürfen ihn also die nackten Tatsachen durchaus
sehen lassen!

Aber natürlich auch hier streng rationiert. Wie mit
dem Tropfenzähler sozusagen.

An diesem Punkt wird normalerweise spontan eine
ganz bestimmte Frage gestellt: Was bin ich nun, eine
Frau oder ein Tropfenzähler?

Nun, das weiß ich doch nicht. Doch wenn man bedenkt, dass Sie ja auch stillen müssen, ist diese Frage
durchaus von einiger Berechtigung.

Was heißt das nun konkret? Ganz einfach: ein halber
Busen da, eine halber Oberschenkel dort. Hier der halbnackte Bauch, da der halbnackte Po.

Ein einziges Mal dürfen Sie auch einen Striptease auf-
führen, wenn Sie wollen.

Wie Sie Schönheit erlangen

Dabei bricht Ihnen schon kein Zacken aus der Krone.

Ist Ihnen noch nicht aufgefallen, dass Männer verrückt nach Striptease sind?

Als die Frauen der Weiblichkeit noch nicht gänzlich abgeschworen hatten, war Striptease eine gern geübte Kunst.

Erinnern Sie sich noch an den Striptease, den Sofia Loren in *Gestern, heute und morgen* (Vittorio de Sica, 1963) hinlegt?

Daran, wie viel Spaß sie beim Ausziehen hatte?

Ein Striptease ist für eine Frau, die ihre Weiblichkeit lebt, ein Vergnügen.

Frauen sind exhibitionistisch veranlagt.

Das liegt in ihrer Natur, was das Verhalten des Makakenweibchens einwandfrei belegt.

Das Argument, wir Menschen seien schließlich keine Affen, zieht hier nicht.

Denn wir verhalten uns *wie* die Affen.

Ihr Instinkt bringt die Frau dazu, das Männchen in Erregung versetzen zu wollen, um es zur Paarung zu animieren.

Es stimmt allerdings auch, dass dieser Instinkt mittlerweile beinahe verloren gegangen ist.

Mit ihm ging aber auch die Weiblichkeit den Bach hinunter.

Möglicherweise war dies ein Befreiungsschlag, das

Wie Sie ein schönes, reiches Miststück werden

Ergebnis einer bewusst getroffenen, freien Wahl, doch an den Fakten selbst ändert das nichts.

Das ist den Frauen unter Umständen entgangen, was bedauerlich ist – weniger für den Mann als für die Frau.

Denn die Größe der Frau liegt in ihrer Weiblichkeit, nicht in der Tatsache, dass sie es dem Mann gleichtun kann.

Die Frau ist dem Mann überlegen.

Wenn sie es ihm gleichtun will, tut sie einen Schritt zurück. Sie verzichtet auf einen Teil ihrer selbst.

Damit gibt sie gleichzeitig ihr Talent für die Kunst der Verführung und die naturgegebene Möglichkeit der Beherrschung des Mannes auf.

Die Generation der Großmütter, ja die der Mütter war verführerischer als die Frau von heute.

Darüber hinaus hatten diese Frauen das Heft fest in der Hand, wenn schon nicht in der Außenwelt, so doch im Schoß der Familie.

Weibliche »Koketterie«, das hieß großzügige Dekolletés, weite, schwingende Röcke, die dann und wann einen Streifen Unterwäsche sehen ließen.

Wenn Sie Ihrem Liebsten hin und wieder ein wenig nackte Haut zeigen, dann hauchen Sie der Kunst der Verführung, die so lange Zeit in Vergessenheit geraten war, neues Leben ein. Wenn Sie diese Gabe wieder hervorholen, dann werden Sie damit früher oder später all Ihre Konkurrentinnen aus dem Feld schlagen.

Wie Sie Schönheit erlangen

Auch in der Öffentlichkeit, denn das erregt ihn noch mehr.

Natürlich können Sie ihn nicht ewig hinhalten.

Am Abend muss der arme Esel, dem die verführerische Karotte den ganzen Tag vor der Nase baumelte, das verflixte Ding doch endlich bekommen. Sonst wird er verrückt. Oder verhungert.

Hier also kommen wir nun zum Sex: zu echtem Sex, den ihr Frauen immer so schwer nehmt.

Ja, ja, denn in meinen langen Jahren als Psychologe habe ich nur wenige Frauen getroffen, die einfach sagten: »Ah, Sex ist etwas Wunderbares!«

Irgendwie finden Frauen immer eine Ausrede.

Entweder haben sie noch etwas zu tun, oder sie müssen sich um die Kinder kümmern, aufräumen, vielleicht sind sie auch nur müde.

Oder sie haben keine Lust.

Möglicherweise gibt es auch etwas Interessantes im Fernsehen.

Oder sie haben ihre Tage. Männer in ihrer angeborenen Dummheit wissen ja nicht, dass das auch zweimal im Monat der Fall sein kann.

Und natürlich die berühmten Kopfschmerzen.[33]

---

33 Eines Tages schleppte ein Ehemann seine Frau in den Zoo. Er zwang sie, sich nackt auszuziehen, sperrte sie in den Käfig mit dem Gorilla und sagte zu ihr: »Du kannst ihm ja sagen, dass du Kopfweh hast.«

Wie Sie ein schönes, reiches Miststück werden

Ich weiß, häufig liegt es auch an den Männern.

Hopp, hopp und fertig.

Vielleicht gar in folgendem Stil: »Ach, Liebes, hätte ich gewusst, dass du noch Jungfrau bist, hätte ich langsamer gemacht.« Antwort: »O mein Bester, hätte ich gewusst, dass du so rücksichtsvoll bist, hätte ich meine Strumpfhose ausgezogen.«

Manchmal bekommt frau gar nicht mit, was da passiert.

Aber so muss es nicht sein. Man kann Männer durchaus erziehen.

Was Sex angeht, so gibt es zwei Arten von Männern: den *Neandertaler* und den *Tantriker*.

Der Neandertaler macht Sex, wie er es seit Tausenden von Jahren tut.

Jahrtausendelang wanderte er über die Steppe, und wenn er eine Frau entdeckte, die sich bückte, um vom Baum gefallene Pflaumen aufzuheben (bei dieser Tätigkeit reckt sich der Po zum Himmel, daher spricht man in bestimmten Gegenden heute noch von »Powidl«)[34], stürzte er sich auf sie und leistete seinen Beitrag zur Arterhaltung, bevor die nächste Säbelzahntigerin sich seine augenblickliche Ablenkung zunutze machte und ihn zum Frühstück verspeiste.

---

34 Diese Etymologie für das österreichische Zwetschgenmus ist allerdings nicht geklärt.

Wie Sie Schönheit erlangen

Diese Jahrtausende alte Gewohnheit hat sich ihm tief eingeprägt.

Der *vorzeitige Samenerguss* ist beim Mann die Regel.

Allerdings nur beim Neandertalertypus.

Der moderne Mann hingegen ist *Tantriker*.

Für den Tantriker liegen Sinn und Zweck der Sexualität im Genuss, nicht in der Fortpflanzung.

Was nicht heißen soll, dass die Fortpflanzung völlig ausgeschlossen wäre.

Doch der Fortpflanzung muss man sich höchstens einmal im Jahr widmen. Das genügt vollkommen.

Um der Wahrheit die Ehre zu geben: Selbst das wäre schon zu viel.

Für den Tantriker ist Sex in erster Linie ein Instrument der Lust.

Und zwar nicht nur seiner eigenen, sondern auch der der Frau.

Genauer gesagt: vor allem der weiblichen Lust.

Daher zieht er den sexuellen Akt so lange wie möglich hinaus.

Der Tantriker erfreut sich nicht nur an der Erregung, also an allem, was vor dem Orgasmus kommt, sondern am sexuellen Akt selbst, den er so lange hinauszuzögern weiß, dass sein Höhepunkt zeitgleich mit dem der Frau erfolgt. Indem er seinen eigenen Höhepunkt so lange wie möglich verschiebt, verschafft er der Frau zahllose Orgasmen.[35]

Wie Sie ein schönes, reiches Miststück werden

Nun, höre ich Sie jetzt sagen, das ist ja wunderbar. Und wo finde ich einen solchen Tantriker?

Bedauerlicherweise ist das nicht so einfach. Es gibt nur ganz wenige Tantriker.

Aber natürlich können Sie Ihren Neandertaler jederzeit in einen Tantriker verwandeln.

Denn alle Frauen sind Tantrikerinnen. Von Natur aus.

Ihre Fähigkeit, verlängerte Höhepunkte, ja selbst mehrere Orgasmen hintereinander zu erleben, sorgt dafür, dass Frauen eine natürliche Neigung zum tantrischen Sex haben.

Denn beim tantrischen Sex wird der Orgasmus so lange hinausgezögert, bis man in eine Art Trancezustand verfällt, in dem das individuelle Bewusstsein mit dem kosmischen Bewusstsein verschmilzt.

Die Sexualität zu religiösen beziehungsweise spirituellen Zwecken zu nutzen ist eines der wichtigsten Merkmale östlicher Kulturen.

---

35 Wenn Sie über Tantra in seiner historischen Entwicklung mehr wissen wollen, empfehle ich Ihnen: André van Lysebeth, *Tantra – Le culte de la Féminitié. L'autre regard sur la vie et le sexe*, 1988. Dieses Buch liegt leider nicht in deutscher Übersetzung vor. Für alle, die sich für Tantra interessieren, ist folgendes Buch eine echte Fundgrube: Margot Anand, *Magie des Tantra*, München 2003. Die uralten Techniken, die in diesen und anderen Büchern dargestellt werden, lassen sich heute durch Potenzmittel ersetzen, die Sie in der Apotheke erhalten. Diese wirken nicht nur bei impotenten Männern, sondern haben auch bei solchen, die nicht unter diesem Problem leiden, einen gewissen »Longplay«-Effekt.

Wie Sie Schönheit erlangen

Tantrischer Sex ist eine Übung für Männer, doch sie wird von Frauen gelehrt, die ihre natürliche Begabung auf diese Weise stets ausbauen und verfeinern.

Die Aufgabe der Frau ist es, die Lust des Mannes so zu steuern, dass er nicht zum Höhepunkt gelangt. Dabei lässt sie die eigene Lust immer stärker ansteigen, sodass der Mann immer erregter wird. Auf diese Weise wird ihre Yoni, ihre Vagina, zur »Hand Gopis«.[36]

Tantrische Priesterinnen bilden die Männer in dieser Kunst aus.[37]

Lernen Sie also, aktiv zu werden.

Fallen Sie nicht auf den Mythos herein, Männer spielten gerne den aktiven Part.

Wenigstens tun sie das nicht immer.

Eigentlich tun sie das nie.

Männer mögen keine Frauen, die sich im Bett benehmen wie eine Aufblaspuppe.

Männern, und zwar allen Männern, gefallen Frauen, die ihre Sexualität genießen, Frauen, die sich dem männlichen Vergnügen zu widmen verstehen.

Bei Frauen ist das schließlich nicht anders.

Denn tantrischer Sex besteht vor allem darin, dass

---

36 Siehe dazu das Kapitel »Yoni-Training« bei Van Lysebeth, a. a. O.

37 Auf der ganzen Welt gibt es mittlerweile Institute, welche tantrischen Sex lehren. Die bekanntesten sind wohl die von Osho Rajneesh und seinen Schülern gegründeten, die es auch in Deutschland gibt. Siehe dazu: Margot Anand, a. a. O.

Wie Sie ein schönes, reiches Miststück werden

man sich dem anderen ganz praktisch widmet, ihm mit geradezu religiöser Hingabe dient.

Jede Kurtisane, ob im Osten oder Westen, wusste das.

Die wenigen Kurtisanen, die es heute noch gibt, wissen es natürlich auch.

Aus diesem Grund gehen Männer heute noch ins Freudenhaus. Nicht einfach nur, um Sex zu haben, sondern um eine Frau zu finden, die sich ihnen in sexueller Hinsicht ganz widmet.

Was Ehefrauen nur sehr selten tun.[38]

Aus diesem Grund werden sie von den Ehemännern betrogen.

Weil diese eine Frau suchen, die ihnen auf sexuellem Gebiet ihre ganze Aufmerksamkeit widmet.

In den meisten Fällen aber finden sie keine, und so müssen sie ständig weitersuchen.

Aus Sicht der Ehefrau wird sie betrogen.

Der Mann sieht das nicht so. Er ist nur auf der Suche nach hingebungsvollem Sex.

Beim Mann ist dies Instinktverhalten.

Der Mann will erregt und zur Lust angeregt werden.

»Na klar«, werden Sie jetzt erwidern. »Und wir Frauen etwa nicht?«

---

38 Die Fellatio zum Beispiel, bei der der Mann mit dem Mund befriedigt wird, ist eine Technik, die fast alle Prostituierten praktizieren, aber nur sehr wenige Ehefrauen. Bei den Ehemännern. Bei den Liebhabern tun sie es schon öfter. Und was sagt uns das?

Wie Sie Schönheit erlangen

Natürlich gilt das auch für Sie, meine Damen.

Aber Sie, liebe Leserin, wollen doch ein reiches, schönes Miststück werden, nicht wahr? Dann liegt es an Ihnen, den ersten Zug zu tun.

Sie können es sich einfach nicht leisten, daraus eine Frage des Prinzips zu machen.[39]

Widmen Sie sich seinem Vergnügen, dann werden Sie feststellen, dass seine Lust auch Ihre Lust ist.

Dieselbe Entdeckung wird er machen, und so wird er sich Ihrem Vergnügen allein deshalb widmen, weil dies seine Lust steigert.

Das ist tantrischer Sex.

Guter Sex, bei dem die Partner sich vollkommen aufeinander einstellen.

---

39 Eines Tages an der russisch-chinesischen Grenze. Ein russischer und ein chinesischer Soldat fingen mit ihrer Angel im Grenzbach einen Fisch, um den folglich ein heftiger Streit entbrannte. »Der Fisch gehört mir«, sagte der Russe. »Wieso?«, fragte der Chinese. »Das ist eben eine Frage des Prinzips«, antwortete der Russe. Da beide nun schon seit Monaten in vollkommener sexueller Abstinenz lebten, beschlossen sie, wie folgt vorzugehen. Sie würden sich gegenseitig besteigen, und der, der am längsten durchhielte, sollte den Fisch haben. Der Russe hielt sich für besonders klug und dachte, wenn er erst wisse, wie lange der Chinese durchgehalten habe, könne er ihn leicht übertreffen. Also bot er sich als Erster an. »Wieso?«, fragte der Chinese wieder. »Nun, das ist eine Frage des Prinzips«, antwortete der Russe. Der Chinese nun gab sich besondere Mühe. Als er fertig war, meinte der Russe: »Jetzt bin ich dran.« Da gab der Chinese zur Antwort: »Nein, nein. Behalt den Fisch ruhig. Mein Prinzip nämlich lautet: ›Wer zuerst mahlt, mahlt am besten.‹«

Wie Sie ein schönes, reiches Miststück werden

Denn nichts ist erregender als die Lust des anderen.

Eben aus diesem Grund tun Kurtisanen so, als hätten sie einen Orgasmus.

Weil sie wissen, dass Männer dadurch erregt werden.

Widmen Sie sich seiner Lust und ziehen Sie diese so weit als möglich in die Länge, sodass sie immer stärker und stärker wird.

Dann wird er sich Ihrem Vergnügen widmen und Ihnen Erfahrungen bescheren, die Sie nie für möglich hielten.

Denn, wie Paolo Mantegazza vor fast einhundertfünfzig Jahren schon herausfand, Lust kennt wie Schmerz keine Grenzen.[40]

Werden Sie zur tantrischen Hohepriesterin, dann können Sie sämtliche reichen Männer der Welt erobern!

Tantrische Priesterinnen machen sich gewöhnlich nicht auf die Jagd nach reichen Männern, aber in diesem Punkt können Sie ja eine Ausnahme machen.

Die ewige Dankbarkeit des Mannes, dem Sie helfen, sich sexuell zu entwickeln, wird Ihnen sicher sein.

Wenn er nur einen Funken spirituelles Interesse hat, wird er diese Erfahrung als inneren Fortschritt sehen.

Wenn er dann noch geradezu märchenhaft reich ist, wird seine Dankbarkeit Ihr Gewicht in Gold aufwiegen.

---

40 Paolo Mantegazza, *Die Physiologie des Genusses*, Leipzig 1928.

Wie Sie Schönheit erlangen

(Besser wäre es natürlich, er würde sich am eigenen orientieren.)

Für einen Mann gibt es nichts Schöneres als eine Frau, die sich auf die Kunst der Liebe versteht.

Wenn diese Frau ihn dann auch noch in dieser Kunst unterweist, dann ist dies für einen Mann der absolute Höhepunkt.

Eine Frau, die ihn verführt, ihn mit ihrer Weiblichkeit in Erregung versetzt, ihn mit ihren Anspielungen und Versprechungen auf ein sexuelles Erlebnis neugierig macht, das sie ihm auch tatsächlich gewährt (und zwar mit mehr Energie und Begeisterung, als er je zu träumen gewagt hätte): Das ist für einen Mann eine *über die Maßen schöne Frau*.

Mit den Maßen von Busen, Hüften und Po hat das gar nichts zu tun.

Und was die Haut angeht, die könnte bei so einer Frau auch aus Pergament sein.

Das Püppchen

Es stimmt nicht, dass Puppen das Lieblingsspielzeug jedes Mädchens sind.

Auch Männer lieben Puppen.

Sie haben sich sogar aufblasbare Puppen machen lassen, damit sie sie an den Strand mitnehmen können.[41]

Wie Sie ein schönes, reiches Miststück werden

Vergessen Sie diese Tatsache nie: *Männer lieben Puppen.*

Eine schöne Frau ist für einen Mann keine Frau, die alles weiß, überall mitreden kann, alles Mögliche drauf hat und am Ende auch allein mit allem fertig wird.

Was sollte ein Mann mit solch einer Frau anfangen?

Vor allem, wenn er reich ist.

Wozu wäre er denn dann noch gut?

Männern gefallen Frauen, die so ungeschickt sind, dass sie absolut nichts alleine können.

Zumindest ist das beim energiegeladenen Typus so, bei dem Typ also, der Geld macht.

Dem Typus, der Sie interessiert: beim reichen Mann.

Der Hungerleider hingegen will eine Frau, die kochen, putzen, im Supermarkt günstig einkaufen und die Kinder erziehen kann. Daneben sollte sie möglichst noch ein ordentliches Gehalt nach Hause bringen, das aber deutlich unter seinem liegt, weil er sich ihr sonst unterlegen fühlt.

Aber was wollen Sie mit einem Hungerleider?

Bei so einem können Sie sich halb tot schuften und werden nicht einmal dann reich, wenn Sie im Lotto

---

41 Ein blinder Mann bringt eine Aufblaspuppe mit an den Strand und streckt sich gemütlich auf ihr aus. Als ein wütender Vater Einspruch erhebt, das sei schließlich kein Anblick für Kinder, stammelt der Herr: »Aber dann habe ich es ja den ganzen Winter über mit der Luftmatratze getrieben.«

Wie Sie Schönheit erlangen

eine der Zahlen spielen, die Ihnen der Wahrsager ange-
dreht hat.

Hatten wir nicht gesagt, Sie wollten ein reiches, schönes Miststück werden? Und dass Sie zu diesem Zweck
einen reichen Mann heiraten müssten?

Also, dann lassen Sie uns doch über reiche Männer
reden.

Einen reichen Mann interessiert es nicht, ob Sie kochen, putzen, im Supermarkt günstig einkaufen und
seine Kinder erziehen können. Noch weniger interessiert ihn, wie viel Sie verdienen.

Für die ersten vier Punkte hat er seine Angestellten:
eine Köchin, ein oder mehrere Putzfrauen, andere Haus-
angestellte und diverse Kindermädchen. Punkt fünf ist
seine Domäne, und zwar ausschließlich.

Sie dürfen nichts dergleichen tun.

Das Einzige, was Sie beherrschen müssen, ist das
Nichtstun.

Und den Sex natürlich.

Darin aber sollten Sie wirklich klasse sein.

Denn Sie sind für ihn eine *Puppe*.

Sie sind das Extra in seinem Leben, sozusagen die
Sonderausstattung.

Das sollten Sie nicht unterschätzen.

Für einen Mann, vor allem für einen reichen Mann,
ist die Sonderausstattung meist wichtiger als das Auto
selbst.

Wie Sie ein schönes, reiches Miststück werden

Das Extra, die Puppe, macht für den reichen Mann den Unterschied zwischen einem wertvollen und einem bedeutungslosen Leben aus.

Denn wie viele Männer können sich so ein Püppchen schon leisten?

Er muss Sie für ein Geschenk Gottes halten.

Die Belohnung für all die Kämpfe, die er ausgefochten hat.

Die Geisha, die ihn lächelnd empfängt, wenn er nach seinem Kampf gegen die Drachen abends müde nach Hause kommt.

Das Vergnügen, das er endlich genießen kann, nachdem er alle Mühen und Frustrationen außerhalb der Höhle gemeistert hat.

Natürlich sollten Sie ihm den Nerv nicht mit den Problemen töten, die Sie zu Hause und mit den Kindern erlebt haben.

Das ist der Unterschied zwischen einem Püppchen und einer Ehefrau.

Letztere versucht zwar verzweifelt, sich wie ein Püppchen zu benehmen: Hin und wieder schafft sie es sogar.

Doch dann kommt sie mit all ihren Problemen an, mit dem Haushalt, den Kindern und so weiter.

Das geht gar nicht anders, denn es sind ja schließlich *ihre* Probleme.

Ein Püppchen hat keine Probleme.

Wie Sie Schönheit erlangen

Puppen haben nie Probleme. Aus diesem Grund können sie auch nicht mit Problemen ankommen.

Darüber hinaus machen sie auch keine Probleme.

Der Mann, als der Egoist, der er nun einmal ist, interessiert sich kein bisschen dafür, ob Sie Probleme haben oder nicht.

Für ihn zählt nur, dass Sie ihm Ihre Probleme nicht aufdrängen.

Dass Sie ihm nicht auf den Wecker gehen, wenn er abends nach seinen Kämpfen mit den mörderischen Urwaldbestien in seine Höhle zurückkehrt.

Andererseits muss man zu seinen Gunsten anführen, dass er auch nicht erwartet, dass Sie jene Probleme, die sich ihm außerhalb der Höhle stellen, für ihn lösen.

Wenn er kein Idiot ist.

Aber wenn Sie einen Idioten geheiratet haben, kann Ihnen sowieso keiner helfen.

Für einen reichen Mann ist es nicht von Bedeutung, ob Sie Tortellini nach dem Rezept Ihrer Mutter machen können. (Dafür gibt es schließlich Restaurants, in deren Diensten Köche stehen, deren Mütter noch bessere Köchinnen waren als die Ihre.) Oder ob Sie ein Geheimrezept zum Blankpolieren von Messingknöpfen besitzen.

Ein reicher Mann will keine brave Hausfrau.

Auch keine gebildete Frau.

Oder eine gute Mutter.

Wie Sie ein schönes, reiches Miststück werden

Für all diese Dinge gibt es Spezialisten.

Ein reicher Mann will ein *Püppchen*.

Und was versteht man nun unter einer Puppe?

Eine Puppe ist ein junges Mädchen mit dem Körper und dem Wissen einer Frau.

Fantastische Puppen waren und sind zum Beispiel Marilyn Monroe und Valeria Marini (zumindest in ihren Rollen).[42]

Nehmen Sie sich eine der beiden zum Vorbild.

Die Puppe ist ein Mädchen, das an seinen Lippen hängt, von ihm abhängig ist, seine Hilfe braucht und ohne ihn verloren ist.

Dann fühlt er sich wie Gott.

Dann wird sein Beschützerinstinkt wach, und er wird fürsorglich und liebevoll.

Er verwöhnt sie so richtig.

Wie alle Menschen möchten Sie gerne verwöhnt werden und brauchen regelmäßig eine schöne Portion Streicheleinheiten. Doch diese müssen Sie sich erst verdienen.

Welcher Mann kann schon eine Frau verwöhnen, die alles schafft, alles weiß und weder ihn noch einen anderen Menschen braucht?

Das wäre ja, als würde man ein Krokodil liebkosen.

---

42 Letztere spielte sogar die Hauptrolle in einem Film, der den Titel »Bambola«, also »Puppe«, trägt. (J. J. Bigas Luna 1996).

Wie Sie Schönheit erlangen

Eine solche Frau sollte nicht heiraten, sondern besser ihr Leben lang Single bleiben.

Ohne Geld, soweit sie es nicht selbst verdient.

Nur dass sie nie so viel Geld verdienen wird wie ein Mann, und sei es nur aus Gründen historischer Folgerichtigkeit.

Wie viele Frauen gibt es schon, die so viel Geld gemacht haben wie Rockefeller, Bill Gates oder Berlusconi?

Männer haben Jahrhunderte lange Erfahrung im Geldverdienen, die Frauen einfach fehlt.

Wenn Sie also wirklich reich werden und sich dabei möglichst wenig anstrengen wollen, übernehmen Sie besser den Part der Puppe, also des kleinen Mädchens.

Natürlich sollen Sie diesen Part nur spielen und ihn nicht etwa Wirklichkeit werden lassen.

Gibt es für eine Frau etwas Leichteres, als eine Rolle zu spielen?

Frauen verstellen sich seit Jahrhunderten.

Die Schauspielerei fällt ihnen leicht. Sie sind dazu gleichsam berufen.

Wie das Geldverdienen den Männern in Fleisch und Blut übergegangen ist, so ist das bei den Frauen mit der Schauspielerei.

Die Weltliteratur aller Zeiten bezeugt dies. Wie heißt es doch so schön in Verdis *Rigoletto*:

Wie Sie ein schönes, reiches Miststück werden

La donna è mobile qual piuma al vento,
muta d'accento e di pensiero.

O wie so trügerisch sind Weiberherzen,
mögen sie klagen, mögen sie scherzen,
Oft spielt ein Lächeln um ihre Züge,
Oft fließen Tränen, alles ist Lüge![43]

So denken die Männer.

Aber das stimmt nun überhaupt nicht. Frauenherzen sind keineswegs trügerisch.

Frauen können sich nur einfach verstellen. Beim Lachen und beim Weinen.

Sie tun es seit jeher, und zwar zu einem ganz bestimmten Zweck: um Männer zu umgarnen.

Was die Männer auch verdient haben.

Auf diese Weise bringen Frauen Männer nämlich dazu, genau das zu tun, was sie wollen (die Frauen natürlich).

Erst danach geben sie den Männern, was diese wollen.

Er will eine Puppe? Nun, dann soll er seine Puppe haben.

Spielen Sie eben die Puppe. Ist ja schließlich nicht für immer und ewig.

---

43 Giuseppe Verdi, *Rigoletto*, 3. Aufzug, 2. Auftritt, Stuttgart 1956, S. 51; übertragen von J. Grünbaum.

Wie Sie Schönheit erlangen

Nur für die kurze Zeit, in der Sie sich an ihm bereichern.

Das Püppchen ruft seinen Vaterinstinkt wach.

Gleichzeitig aber auch sein Begehren.

Denn der Mann, verdorben wie er ist, will tagsüber ein Püppchen, das er beschützen kann, und nachts will er ein Püppchen, mit dem er herummachen kann.

Nachts kurbeln Sie das Karussell der Erotik an. Er lässt sich mit Ihnen zusammen herumwirbeln, ohne je genug zu bekommen. Er ist ganz Fleisch, bis er vor Lust aufschreit. Dann nehmen Sie ihn an der Hand und führen ihn in die Abgründe der Ekstase ein, wobei er alles vergisst, was man ihm tagsüber an Angst, Mühe und Sorgen bereitet hat.

Sie sind das Püppchen, das er sich immer gewünscht hat: unschuldig und verdorben zugleich.

Jene Frau, die sich nur wenige Männer leisten können.

Eigentlich nur reiche Männer.

Nur sehr reiche Männer.

Denn eine Puppe ist außer dem bereits Gesagten vor allem eine Frau, die nichts anderes zu tun weiß und daher auch nichts anderes tut als DAS.[44]

---

44 Die Puppenfrau wurde 1955 auf meisterliche Weise in einem Roman von Vladimir Nabokov dargestellt, der von Stanley Kubrick (1962) und Adrian Lyne (1997) verfilmt wurde. Die Darstellung war so gelungen, dass der Name, den der Schriftsteller seiner Protagonistin gab, zum Synonym für diese Art der Kindfrau wurde.

Wie Sie ein schönes, reiches Miststück werden

Die Eifersucht

Die Eifersucht hat einen eigenen Abschnitt verdient.

Wie wir im vorletzten Kapitel noch genauer sehen werden, darf Ihnen der Mann, den Sie heiraten, um ihn zu rupfen, absolut nichts bedeuten.

Das liegt auf der Hand: Wenn Sie sich verlieben, bringen Sie überhaupt nichts mehr auf die Reihe und schaffen es vielleicht nicht einmal, sich heiraten zu lassen.

Überdies haben wir das ja schon zu Beginn geklärt: Wenn Sie reich werden wollen, dürfen Sie nicht verliebt sein.

Reich und verliebt ist ein Zustand, den Sie am besten den Märchentanten überlassen.

Aschenputtel ist eine Märchenfigur.

Überdies weiß man, dass Aschenputtel nach dem Ball wieder nach Hause zurückkehrte, um ihre Rolle als Dienstmädchen weiterzuspielen.

Die wahre Geschichte endet an diesem Punkt.

Die Geschichte mit den gläsernen Schuhen wurde später dazu erfunden. Sie ist nicht belegt.

Da ich der von mir eingeführten Tradition, in jedem Buch einen Leserwettbewerb zu veranstalten, treu bleiben möchte, hier die Preisfrage: Wie lautet der Titel des Romans, der gleichzeitig der Titel beider Filme ist? Die Gewinnerin (da der Wettbewerb nur für Frauen gedacht ist) wird einen Tag mit mir auf meiner Yacht verbringen, die im Porto Antico von Genua vor Anker liegt.

Wie Sie Schönheit erlangen

Wer lässt sich schließlich schon Schuhe aus Glas machen?

Also bitte.

Auch der Prinz ist natürlich dem Reich der Fabel entstiegen.

Wo findet man schon einen Mann, der Reichtum und Erfolg besitzt, aber trotzdem nichts anderes zu tun hat, als Sie zum Tanz zu führen?

Also wieder zurück zu unserer Ursprungsforderung: Der Mann, den Sie zu heiraten beschlossen haben, um endlich reich zu werden, darf Ihnen nichts bedeuten.

Eifersucht sollte Ihnen also ein Fremdwort sein.

Aber natürlich müssen Sie so tun, als wären Sie eifersüchtig.

Wieso?

Das liegt doch auf der Hand. Er muss schließlich glauben, dass Sie verliebt sind.

In ihn natürlich.

Sie können sich in der Zwischenzeit gerne in einen anderen verlieben. In den Gärtner zum Beispiel.

Er aber muss glauben, dass Sie nur ihn lieben.

Denn wie schreibt doch Dante: »Die Liebe, die zur Gegenliebe nötigt ...«.[45]

---

45 Dante, *Die göttliche Komödie*, Die Hölle, 5. Gesang, Vers 103; Leipzig 1990, S. 25; übertragen von Karl Witte.

Wie Sie ein schönes, reiches Miststück werden

Kein Mensch hat je kapiert, was dieser Vers uns sagen will. Er bedeutet Folgendes: Wenn jemand sich geliebt fühlt, dann kann er nicht anders, er muss diese Liebe erwidern.

Denn das Ego des Geliebten wird durch den Gedanken, dass Sie in ihn verliebt sind, aufgewertet.

Das ist ein psychologisches Gesetz.

Also müssen Sie so tun, als wären Sie eifersüchtig.

Aber nicht zu sehr.

Und nur mit Worten.

Ganz sachte sozusagen.

So können Sie ihm zum Beispiel sagen: »Wie dieses Weib dich ansieht! Wer weiß, wie viele Frauen an deiner Tür Schlange stehen. Du bist ja so ein faszinierender Mann! Dass du mir ja treu bleibst. Ich bin sowieso viel zu verliebt. Ich könnte dich nie betrügen.«

»Aber ja!«, wird er Ihnen freudig antworten.

Das ist ein Automatismus und funktioniert ähnlich wie das Entwerten der Fahrkarte im Bus.

Dabei sollten Sie es auch bewenden lassen. Unternehmen Sie weiter nichts. Folgen Sie lieber den unten stehenden Ratschlägen.

Schleudern Sie ihm bitte niemals die Zettelchen mit den verschiedenen Telefonnummern ins Gesicht, die Sie in seinen Taschen finden. Auch dass Sie seine geheime E-Mail-Korrespondenz entdeckt haben, sollten Sie ihm nicht auf die Nase binden.

124

Wie Sie Schönheit erlangen

Kopien allerdings können Sie ruhig machen.

Folgen Sie ihm nie, wenn er das Haus verlässt. Oder wenn er in seiner Heimatstadt im Hotel übernachtet.

Lassen Sie ihn lieber von einem Privatdetektiv verfolgen, der entsprechende Fotos macht.

Das Geld, das Sie in diese Projekte stecken, wird sich als absolut sichere Investition erweisen. Besser noch als Bundesschatzbriefe.

Halten Sie ihm nie seine Widersprüche vor oder gar die Botschaften auf seinem Anrufbeantworter.

Keine Szenen!

Notieren Sie sich solche Dinge lieber genau mit Datum und Uhrzeit.

Sie dürfen nicht so eifersüchtig wirken, dass ihm die Lust an seinen Seitensprüngen vergeht und er diesbezüglich Schuldgefühle bekommt.

Sollte er sich allerdings so dumm anstellen, dass Sie nicht umhinkönnen, seine Abenteuer zu bemerken, dann verzeihen Sie ihm mit schöner Regelmäßigkeit.

Er wird Ihnen ewig dankbar sein.

Eine Frau, die ihrem Mann jeden Seitensprung verzeiht, wird nie verlassen.

Denn Männer machen nun einmal Seitensprünge.

Jeder, der Ihnen das Gegenteil schwört, lügt. Entweder aus Unwissenheit, oder weil er etwas zu verbergen hat.

Bei Männern ist es meist Letzteres. Bei Frauen häufig beides.

Wie Sie ein schönes, reiches Miststück werden

Denn wie ich Ihnen bereits erklärt habe, ist der Mann von Natur aus *polygam*.

Wie alle Säugetiermännchen: der Hund, der Kater, das Kaninchen, der Stier, der Ziegenbock, der Elefant, das Rhinozeros und sogar ein so edles und zartfühlendes Tier wie der Hengst.

Das ist ein Naturgesetz.

Das Männchen muss sich mit so vielen Weibchen wie nur möglich paaren, damit der Fortbestand der Art gesichert ist.

Haben Sie je darüber nachgedacht, weshalb ein Mann viele Milliarden Spermazellen produziert, während Frauen nur einige Hundert Eier zur Verfügung haben?

Der Mann ist regelrecht darauf programmiert, mit mehr als einer Frau sexuelle Kontakte zu pflegen.

Um dies zu schaffen, darf er sich emotional nicht allzu sehr einlassen.

Können Sie sich einen Höhlenmenschen vorstellen, der sich nicht paart, weil er nicht verliebt ist?

Die menschliche Rasse wäre schon vor Jahrtausenden ausgestorben.

Der Mann muss Sex ohne gefühlsmäßige Bindung haben können.

Der sexuelle Akt ist in den Augen des Mannes frei von Gefühlen.

Wie Sie Schönheit erlangen

Für den Mann hat der sexuelle Akt keine emotionale Bedeutung.

Daher haben auch Seitensprünge für den Mann keinerlei Bedeutung.

Dass es sich dabei um eine kurze Angelegenheit handelt, sagt ja schon das von Männern erfundene Wort »Seitensprung«.

Eine intelligente Frau weiß das und drückt ein Auge zu.

Im Süden Italiens, der – wie ich bereits sagte – näher am Äquator liegt, was das Wissen um die Sexualität ansteigen lässt, gibt es ein Sprichwort: »Sündige nur mit der Hose, und die Absolution wird dir sicher sein.«

Heute ist das nicht mehr so. Viele Frauen haben mit diesem Argument heute Probleme.

Nur wenige Frauen begreifen und akzeptieren heute noch, dass der sexuelle Akt für den Mann keine emotionale Bedeutung hat.

Die Frau von heute will es weder verstehen, noch will sie es hinnehmen.

Für euch Frauen ist die Verbindung Sex–Gefühl etwas Selbstverständliches. Ihr könnt euch nicht einmal ansatzweise vorstellen, dass man diese beiden Dinge trennen kann.

Und wenn euch das Leben tatsächlich einmal mit einem Mann zusammenführt, der es tut, dann haltet

Wie Sie ein schönes, reiches Miststück werden

ihr ihn für einen Idioten. Oder für einen Schwerverbrecher.

Aber der Mann ist nun einmal so. Er hat sozusagen eine gespaltene Persönlichkeit.

Jeder Mann trägt zwei Seelen in seiner Brust.

Beschwerden bitte ich an höherer Stelle einzureichen.

Haben Sie schon einmal gesehen, dass jemand sich aufregt, weil der Massagestab nicht funktioniert?

Wenn Sie den Mann als solchen verändern wollen, müssen Sie an ihm schon eine Geschlechtsumwandlung vornehmen.

Wenn er Sex und Gefühl nicht mehr trennen soll, müsste er weiblicher werden.

Das aber wäre, als würde man den Massagestab gegen einen Toaster austauschen.

Das gibt ein tolles Frühstück, aber mit den Massagen ist dann Schluss.

Und noch etwas.

Auch wenn er in der Welt »von Rose zu Rose flattert«, am Ende kehrt er doch zu Ihnen zurück.

Anders als die Frau, die, wenn sie sich in einen anderen Mann verliebt, höchstens fünf Minuten braucht, um sich gegen den Ehemann und für eine Scheidung zu entscheiden, braucht der Mann, der sich in eine andere Frau verliebt, mindestens zehn Jahre, bevor er sich ent-

Wie Sie Schönheit erlangen

scheidet, die Familie zu verlassen. Da ihm in der Zwischenzeit die Verliebtheit gewöhnlich vergangen ist, tut er am Ende meist gar nichts.

Das Outfit

Ich erzähle Ihnen vermutlich nichts Neues, wenn ich Ihnen sage, dass das Outfit, also nicht nur die Kleidung, sondern auch das Make-up, die Frisur, der Schmuck, die Accessoires bei der Kunst der Verführung eine bedeutsame Rolle spielen.

Doch was für ein Outfit eignet sich am besten?

Die großen Verführerinnen haben einen natürlichen Instinkt für eine kokette Aufmachung. Für sie ist dieser Abschnitt nicht gedacht.

Für andere Frauen hingegen ist er durchaus nützlich.

Eines jedoch muss ich von Anfang an klarstellen: Eine verführerische Aufmachung ist gewöhnlich nicht das, was Frauen als *elegant* bezeichnen.

Ich weiß, und es stimmt ja auch, dass Eleganz etwas mit Geschmack, Nüchternheit und Raffinesse zu tun hat.

Ein verführerisches Kleid *kann* also elegant sein, muss aber nicht. Denn das Ziel einer verführerischen Aufmachung ist ja nicht Eleganz, sondern eine *erotische Ausstrahlung*.

Wie Sie ein schönes, reiches Miststück werden

Was bedeutet, dass ihr immer eine gewisse sexuelle Note anhaftet.

Diese sexuelle Note ist normalerweise nicht kompatibel mit Geschmack, Nüchternheit und Raffinesse.

Ein Mann kann Ihre Eleganz zu schätzen wissen, verführen lässt er sich dadurch nicht.

Verführung – das ist Ihr kaum verhülltes Dekolleté, Ihr sich deutlich abzeichnender Po. Für Sie mag das mit Eleganz nichts zu tun haben, für ihn schon.

Wenn Sie das dann auch noch mit einem eleganten Kleid schaffen, haben Sie gewonnen.

Achten Sie nur darauf, dass das Kleid Ihre Vorzüge schön in den Vordergrund rückt.

Dasselbe gilt übrigens fürs Make-up.

Ein dezentes Make-up, das »kaum zu sehen ist«, gefällt vielleicht Frauen, Männern nicht.

Männer schätzen auffälliges Make-up. Wie eine große Verführerin es trägt, die vielleicht elegant und raffiniert vorgeht, aber trotzdem nur ein Ziel hat: die Verführung.

Achten Sie doch einmal darauf, wie jene Frauen im Film geschminkt sind, die solche Rollen spielen.

Lange Wimpern, intensiver Lidschatten, Mascara zum Abwinken sowie ordentlich Make-up und Rouge.

Natürlich dürfen Sie auch hier nicht übertreiben. Die Grenze zum Angemaltsein ist manchmal nicht leicht auszumachen.

Wie Sie Schönheit erlangen

Doch es ist auf jeden Fall besser, Ihre vulgären Seiten zu unterstreichen als den Zug ins Nüchtern-Elegante.

Kaum zu glauben, aber wahr.

Wie schrecklich Ihnen dies auch erscheinen mag: Männer finden eine recht vulgäre Frau, deren Minirock ihr fast am Hintern klebt und deren Dekolleté viel Fleisch zeigt, sehr viel spannender als eine elegante Dame, die nichts zu betonen hat.

Wir Männer mögen Idioten sein, aber so sind wir nun einmal.

Natürlich wird eine elegante Frau mit gutem Geschmack diesen auch zeigen, wenn sie verführerisch sein will. Vor allem, wenn sie einen eleganten Mann mit gutem Geschmack verführen will. (Letzteres allerdings gilt unter Männern häufig als Zeichen für eine anders geartete Neigung.)

Doch Sie werden mit Erstaunen feststellen, dass auch der elegante Mann guten Geschmacks sich von einer wenig raffiniert beziehungsweise elegant aufgemachten Frau verführen lässt, wenn sie nur Erotik ausstrahlt, also ihre sexuellen Attribute betont.

Denn was die Aufmachung einer Frau für einen Mann verführerisch macht, ist nicht deren Eleganz oder Raffinesse, sondern die Frage, ob sie eine *sexuelle Note* besitzt oder nicht.

Oder empfinden Sie vielleicht das Outfit von Schau-

Wie Sie ein schönes, reiches Miststück werden

spielerinnen, die in ihren Filmen offen erotisch auftreten, als elegant?

Ausschnitte vorne und hinten, dass einem schwindlig wird und nichts unter dem Kleid – dies trifft die Idealvorstellung eines Mannes recht genau.

Wie ich Ihnen bereits gesagt habe, gibt es für einen Mann nichts Aufregenderes als zu wissen, dass eine Frau keine Unterwäsche trägt.

Wenn Sie ihm den Gnadenstoß versetzen wollen wie der Torero nach langem Kampf dem Stier, dann vertrauen Sie ihm dieses, Ihr Geheimnis, nach einem schönen Abend im Restaurant an, wenn er schon genug getrunken hat.

Sie werden sehen, dass ihn augenblicklich das heftige Verlangen erfasst, Sie mit nach Hause zu nehmen, um Ihnen dort seine Schmetterlingssammlung zu zeigen.

Er wird mit dem Kellner nicht einmal über die Rechnung diskutieren.

Beleg: *Basic Instinct.*

Was nicht heißen soll, dass Sie nie wieder Unterwäsche tragen dürfen.

Mir ist durchaus bewusst, dass Sie an Ihrer Gesundheit hängen und dass niemand sich gerne Trichomonaden einfängt, vor allem eine Frau nicht.

In diesem Fall achten Sie bitte darauf, dass Ihre »Unterfütterung« zum Ziel Ihres Projekts passt!

Also selbst haftende Strümpfe statt Strumpfhosen.

Wie Sie Schönheit erlangen

Für den Mann des 21. Jahrhunderts ist die Strumpfhose nämlich das Gegenstück zum mittelalterlichen Keuschheitsgürtel.

Natürlich gibt es immer Liebhaber, die gerne mit Strumpfhosen kämpfen, aber meist handelt es sich dabei um Matrosen oder Strafgefangene.

Auf einen normalen Mann wirkt die Strumpfhose wie eine Packung Valium: also genau andersrum als die Packung Viagra.

Außerdem: French Knickers oder Tanga und keine Nonnenschlüpfer aus weißer Baumwolle.

Bügel-BH aus schwarzer Spitze und nicht zeltförmige Überdächer in Fleischtönen!

Dass Dessous möglichst aus schwarzer Spitze sein sollen ist eine fixe Idee von Männern. So ähnlich wie die weibliche Vorstellung, dass Männerstrümpfe bis zum Knie reichen sollten.

Auf den ersten Blick wirkt das ein wenig verrückt, doch es gibt dafür eine logische Erklärung.

Spitze sollte es sein, weil Spitze dezente Einblicke erlaubt, ohne alles sehen zu lassen, und wie wir wissen, ist es für einen Mann aufregender, etwas zu erahnen, als es vor sich zu sehen.

Schwarz ist aufregend, weil es helle Haut betont.

Für einen Mann ist nichts erregender als der Streifen weißer Haut, der sich zwischen Slip und Strümpfen abzeichnet.

Wie Sie ein schönes, reiches Miststück werden

Dies gilt natürlich nur, wenn Sie weiße Haut haben. Haben Sie dunkle Haut, sollten Sie weiße Dessous tragen. Hier kommt es nämlich auf den Kontrast an.

Auf eines aber können Sie sich hundertprozentig verlassen: Fleischtöne sind ein Eigentor.

Ich weiß, dass Frauen diese Farben lieben.

Uns Männern erscheint das ziemlich widersinnig.

Denn wenn Dessous die Funktion haben, die Hautfarbe zu betonen, dann ist von allen Farbtönen des Regenbogens Fleischrosa der am wenigsten geeignete.

Das wäre so, als würde eine dunkelhäutige Frau schwarze Dessous anlegen oder eine hellhäutige weiße Unterwäsche tragen: Niemand wird das besonders aufregend finden.

Eure Neigung zu solchen Maßnahmen, mit denen ihr euch selbst lahmlegt, ist ein weiterer Aspekt der äußerst vielschichtigen weiblichen Natur.

Wie eure fixe Idee mit den Kniestrümpfen für Männer.

Gut. Ich sehe ja ein, dass Sie nicht andauernd die große Verführerin spielen wollen. Manchmal macht es auch Spaß, im Trainingsanzug herumzuhängen, Strumpfhosen anzuziehen oder Männerhosen.

Das ist ja alles so bequem!

Schließlich sollten Sie sich auch nicht mit der Rolle der Verführerin vollkommen identifizieren.

Alles zu seiner Zeit.

Wie Sie Schönheit erlangen

Wenn der Mann, um den es geht, nicht anwesend ist, können Sie herumlaufen, wie immer Sie wollen.

Es wird ihn nicht stören, wenn man ihm erzählt, dass Sie wie eine Nonne gekleidet sind, wenn er nicht da ist.

Vermutlich findet er das sogar gut.

Eines aber sollte Ihnen klar sein: Wenn Sie einen Mann verführen wollen, müssen Sie die Rolle der Verführerin spielen.

Kein Mensch geht im Tennis-Outfit auf die Jagd oder mit Skiern zum Tauchen.

Und noch etwas: Das Gewand der Verführerin können Sie nicht überziehen, Sie müssen es im Kopf tragen.

Das Outfit ist nur die Spitze des Eisbergs. Darunter befindet sich die eigentliche Masse, und die sollte aus Lava sein, nicht aus Eis.

Sie können also Trainingsanzüge, Strumpf- und Männerhosen tragen, so oft Sie wollen. Doch vor ihm sollten Sie sich so nicht sehen lassen. Lassen Sie sich niemals mit Lockenwicklern, Gesichtsmaske, Flanellpyjama oder Omas Pantoffeln erwischen.

Wenn er anwesend ist, spielen Sie die große Verführerin.

Vorausgesetzt, Sie wollen ihn verführen. Wenn nicht, können Sie beim Flanell in die Vollen greifen.

Aber machen Sie sich klar, dass er es merken wird.

Wenn Sie sich als Verführerin fühlen, dann wird

Wie Sie ein schönes, reiches Miststück werden

Ihnen die Kunst der Verführung bald in Fleisch und Blut übergehen. Dann hört sie auf, eine Rolle zu sein, die Sie von Zeit zu Zeit überstreifen. Sie wird Ihnen zur zweiten Natur, zum wahren Ich: dem einer großen Verführerin, die rund um die Uhr im Dienst ist.

In diesem Fall aber werden Ihre Trainingsanzüge, Strumpf- und Männerhosen so beschaffen sein, dass auch einem Zeugen Jehovas das Wasser im Mund zusammenläuft.

Denn dann tragen Sie diese wie eine echte Verführerin und nicht wie eine Frau, die gerade einkaufen geht oder einen Dauerlauf macht.

Auch eine solche Aufmachung unterstreicht Ihre Weiblichkeit, Ihren Sexappeal, Ihre verführerischen Seiten.

Anders ausgedrückt: Ihre Formen.

Und schon ist die Kunst der Verführung keine schweißtreibende Tätigkeit mehr. Es wird Ihnen Spaß machen, verführerisch und faszinierend zu sein. Es wird Ihnen zur zweiten Natur werden.

Denn für eine Frau gibt es nichts Schöneres, als zu spüren, dass sie den Männern gefällt, dass sie von ihnen bewundert und begehrt wird.

Anders ausgedrückt: als sich *schön* zu fühlen und den Neid anderer Frauen zu erregen.

Wenn sie eine echte Frau ist.

Handelt es sich um eine jener Frau, die wie ein als

Wie Sie Schönheit erlangen

Frau verkleideter Mann wirken, ist das natürlich anders.

Doch solch eine Gestalt kann auch nicht reich und schön werden.

Nur das mit dem Miststück könnte trotzdem klappen.

Also greifen Sie zu den Waffen, wenn Sie mit Ihrem Lover zusammen sind.

Laufen Sie zur Hochform auf, wenn er Sie ausführt.

Glauben Sie bloß nicht, dass er sich Ihretwegen schämt oder gar eifersüchtig wird, wenn Sie allen zeigen, dass Sie eine Frau fürs Bett sind.

Falls Sie nicht gerade mit einem Muslim zusammen sind.

Muslime besitzen, wie man weiß, die Eigenart, die eigene Frau zu verstecken statt sie auszustellen.

Die Christen hingegen stellen ihre Ehefrau gerne aus.

Vielleicht weil sie nur eine haben.

Vor allem reichen Männern gefällt es, die eigene Frau auszustellen. Denn natürlich ist ihre Frau immer schöner (verführerischer) als die der anderen, was den Neid anderer Männer erregen soll.

Vor allem, wenn diese zur Spezies der Hungerleider gehören. Deren Ehefrauen steht ins Gesicht geschrieben: »Hausfrau und Mutter. Sex nur sonntags. Alle zwei Wochen. Wenn es hochkommt.«

Wie Sie reich werden

Um reich zu werden, müssen Sie, wie ich glaube, bereits erwähnt zu haben, einen reichen Mann heiraten und ihn um so viel Bares erleichtern wie nur möglich.

Das ist ein richtiges, eigenes Projekt.

Sehen Sie es doch einmal so: ein Managementprojekt, wie viele Unternehmen es auf nationaler und multinationaler Ebene durchziehen.

Nur dass es sich in Ihrem Fall tendenziell um ein eher *persönliches* Projekt handelt.

Der offizielle Ausdruck dafür ist: Personengesellschaft.

Das Projekt unterteilt sich in drei Phasen: 1) den Gockel finden; 2) den Gockel in den Backofen schieben (sich ehelichen lassen); und 3) den Gockel rupfen.

Ich weiß, dass der Ablauf in der Küche ein anderer ist, aber was soll ich machen?

So laufen die Dinge nun mal.

Wie Sie ein schönes, reiches Miststück werden

Wie Sie den Gockel fangen

Wenn Sie ein Huhn fangen wollen, wo glauben Sie, gehen Sie dann am besten hin?

Nach Disneyland?

Wohl kaum.

Natürlich in den Hühnerstall.

Die hier infrage kommenden Hühnerställe sind: Monte Carlo, Portofino, Paris, New York.

Mittlerweile sind auch Singapur, Hongkong und Guangzhou[46] dazugekommen.

In den genannten Hühnerställen finden Sie die Hühnerkäfige mit schönen Preisschildchen dran.

Wie zum Beispiel: In-Lokale.

Große Hotels.

---

46 Guangzhou (Kanton) liegt einhundertfünfzig Kilometer von Hongkong entfernt und hat dreizehn Millionen Einwohner, die jedoch immer mehr werden. Dreißig Wolkenkratzer werden dort Jahr für Jahr gebaut. In Guangzhou wird die größte chinesische Exportmesse abgehalten, die etwa fünf Mal so groß ist wie die Konsumgütermessen in der Neuen Messe Mailand und nicht nur von superreichen Chinesen besucht wird (die alle jung und verrückt nach westlichen Frauen sind), sondern auch von reichen Importeuren aus aller Herren Länder. Ein hochinteressanter Hühnerstall also. Alle Welt trifft sich dort im *China Hotel* – 300 amerikanische Dollar pro Übernachtung, doch das Hotel ist sein Geld wert, und sei es nur wegen des Frühstücksbüffets, an dem Sie sich für den ganzen Tag satt essen können. Chinesischkenntnisse sind nicht vonnöten, Englisch allerdings sollten Sie sprechen.

Wie Sie reich werden

Luxusrestaurants.

Was natürlich gewisse Investitionen erforderlich macht.

Wer hat je ein Vermögen gewonnen, ohne selbst etwas investiert zu haben?

Auch im Poker gewinnt man nicht ohne Einsatz.

Drei Dinge braucht die Frau: eine funktionierende Libido, ein gewisses Anfangskapital und natürlich ausreichende Englischkenntnisse.

Notwendige Requisiten für den Anfang:

Libido
Anfangskapital
Englischkenntnisse.

Was die Libido angeht, die können Sie auch erfinden, wenn die Ihre nicht ausreicht.

Oder vortäuschen.

Was das Anfangskapital angeht, so werden Sie wohl gleich zu sparen anfangen müssen.

Im Hinblick auf die Englischkenntnisse sollten Sie einen Kurs in einer Schule belegen, in der man mit modernen audiovisuellen Mitteln arbeitet, damit Sie dann lernen können, wann es Ihnen passt.

Wenn Ihnen das zu teuer ist und Sie einen eisernen Willen besitzen, können Sie Ihre Englischkenntnisse

Wie Sie ein schönes, reiches Miststück werden

auch mit einem CD-Kurs aufbessern. Den können Sie zu Hause machen, wann immer es Ihnen einfällt.

Dazu allerdings braucht man das Durchhaltevermögen und die Unbeirrbarkeit eines Elefanten – beides Eigenschaften, die auch Vorbedingung für die Anhäufung eines Vermögens sind.

Es gibt allerdings noch eine andere Methode, und die ist meiner Ansicht nach die bessere: Gehen Sie einfach nach London und arbeiten Sie dort für ein Jahr als Kellnerin oder als Babysitter.

Wenn Sie besonders hübsch sind, können Sie als Animierdame in einem Nachtclub arbeiten. Auf diese Weise gewinnen Sie auch sexuelle Erfahrungen, die Ihnen von Nutzen sein können.

Wollten Sie nicht ein reiches, schönes Miststück werden?

Eine Frau, die ein reiches, schönes Miststück werden will, ist nichts anderes als eine *Abenteurerin*.

Aber denken Sie daran, wenn Sie wirklich Englisch lernen wollen: Finger weg von allen, die Deutsch sprechen!

Sie müssen Ihr Projekt also schon frühzeitig planen.

Geben Sie sich Mühe, das notwendige Handwerkszeug zu erwerben.

Ist die Werkzeugkiste gepackt, kann es losgehen.

Denken Sie global, aber handeln Sie zunächst lokal. Das geht am besten mit der Schleppertechnik.

142

Wie Sie reich werden

Der Schlepper ist ein Mann, der genug Geld hat, um Sie in einen Hühnerstall auszuführen, wo Sie dann Ihre Milieustudien machen können. Leider ist er nicht reich genug, um als fette Beute auch gerupft zu werden.

Sie werden schnell feststellen, dass die Welt voller Schlepper ist, und Sie lassen sich von einem zum anderen schleppen.

Natürlich sind die neuen Schlepper immer ein bisschen größer als die alten, bis Sie sich eines Tages einen Ozeandampfer geangelt haben.

Selbstverständlich ist auch die Fahrt auf dem Schlepper kostenpflichtig. Was erwarten Sie denn? Sie können sich nicht vom Schlepper herumschippern lassen, ohne dafür zu bezahlen.

Bewerten Sie Ihren Eintrittspreis aber nicht falsch. Sie sind keine Prostituierte.

Prostituierte bleiben, wie alle Arbeiter, lebenslang arm. Sie jedoch sind eine ehrgeizige Frau, die reich werden will.

Also üben Sie sich in der Kunst der Verführung und in der Kunst des Liebens, in der *ars amandi*, wie der Lateiner sagt. Und das mit Energie, Engagement und Freude.

Genießen Sie das Leben.

Denken Sie daran: Die Reise ist ebenso angenehm wie das Ziel.

Häufig sogar noch viel schöner.

Wie Sie ein schönes, reiches Miststück werden

Wie Sie den Gockel in den Backofen kriegen

Dies ist der schwierigste Teil unseres Unterfangens: sich ehelichen zu lassen.

Es stimmt schon: Männer sind Dummköpfe.

Reiche Männer aber gewöhnlich nicht.

Was bringt einen reichen Mann, der alle ausgetrickst hat, dem nichts neu ist, der sich nicht einmal in der Stunde seines Todes von seinem Beichtvater über den Tisch ziehen ließe, dazu, sich wie ein farcierter Gockel in den Backofen stecken zu lassen?

Auf jeden Fall nichts, was irgendwie mit Vernunft und Logik zusammenhängt.

So einen können Sie nur auf eine Art hereinlegen: Sie müssen ihn verrückt machen.

Verrückt nach Ihnen, natürlich.

Mit Hilfe Ihrer Verführungskünste.

Mit Hilfe von *Sex*.

Denn womit wohl verführen die Abenteurerinnen aus fremden Ländern Männer in aller Welt, sodass sie geehelicht werden – wenn auch nicht immer von reichen Männern (so schlau sind nicht alle), aber doch immerhin von Männern, die ihnen ein sicheres Auskommen bieten können?

Natürlich mit Sex.

Zumindest in achtzig Prozent der Fälle.

Wenn Sie allerdings auf einen Schlaumeier treffen,

Wie Sie reich werden

der sämtliche Hühner, pardon, Animierdamen der westlichen Welt bereits vernascht hat und sich nun daranmacht, sich auch noch die des Ostens zu holen, dann müssen Sie dem Sex etwas beimischen, was nur wenige Animierdamen haben: einen tollen Charakter.

Der Unterschied zwischen Ihnen und einer Animierdame ist ja wohl der, dass Sie so einen haben.

Was will ein Mann von einer Frau?

Sex und Lebensfreude.

Sie müssen ihm beides verschaffen. Beides ist Ihre Mitgift.

Ihre Mitgift besteht aus: Sex und Lebensfreude.

Zeigen Sie sich also stets gut aufgelegt.

Auch wenn Sie ihn gerade am liebsten umbringen möchten.

Um ein reiches, schönes Miststück zu werden, müssen Sie lernen, auch mit sich selbst wie ein Miststück umzugehen.

Wenn Sie wirklich immer lüstern, fröhlich, gut gelaunt, energiegeladen, lebendig, optimistisch und lebensfroh erscheinen, wird er Sie auch dann heiraten, wenn er sämtliche Animierdamen der Nordhalbkugel vernascht hat.

Denn wo findet er schon eine, die Ihnen gleichkommt?

Wie Sie ein schönes, reiches Miststück werden

Denken Sie daran: Sie müssen diesen Zustand ja nicht ein Leben lang aufrechterhalten.

Drei Monate genügen.

Manchmal auch nur einer.

Die Zeit eben, die Sie brauchen, um ihn verliebt zu machen und sich heiraten zu lassen.

Von diesem Moment an spielt eine andere Musik: Dann können Sie wieder ganz Sie selbst sein oder zur wahren Furie werden, wenn Sie wollen.

Aber aufgepasst: keine Kinder!

Ihre Ehe ist keine Ehe, sondern ein Finanzierungsplan, der in einer Scheidung enden soll, die Ihnen einen schönen Batzen Geld einträgt, kein Kind auf dem Arm.

Kinder komplizieren die Situation.

Natürlich können Sie am Ende auch mit dem Kind abhauen, aber Sie werden dabei kaum viel Geld einstreichen.

Und mit Kind lässt sich die Operation nicht wiederholen.

Einer Frau mit Kind läuft kein Mann nach. Sie wissen nämlich, dass eine Frau mit Kind kaum Zeit fürs Frausein hat.

Das Drama der Frauen ist eben, dass sie zur Mutter werden, wenn sie Kinder bekommen, und das Frausein völlig ablegen.

Viele Frauen, die ich kenne, haben so ihr Leben ruiniert.

Wie Sie reich werden

Am Ende haben sie sogar Mann und Kinder verloren, ohne zu wissen, was sie ohne diese noch mit sich anfangen sollen.

Wie wichtig eine einzelne Rolle für uns auch immer sein mag: Wir dürfen uns damit nicht völlig identifizieren.

Jeder Mensch hat viele Persönlichkeiten. Wir müssen alle nutzen.

Je mehr Persönlichkeiten wir besitzen, desto reicher wird unser Leben.

Wenn Sie Ihr Leben lang nichts anderes tun als Mutter zu sein, dann werden Sie am Ende zur Milchzapfsäule auf zwei Beinen.

Noch dazu zwei dünnen Insektenbeinen.

Säugen, säugen, säugen und kein Sex.

Männer wissen das.

Wenn Sie mit dem Kind abhauen, bekommt das Kind alles und Sie gar nichts. Denn dann hat er eine Entschuldigung, auch vor sich selbst, um Ihnen nichts zu geben.

Wenn er Geld lockermacht, dann wird er das nur für das Kind tun.

Sind Sie jedoch allein, hat er keine Entschuldigung. Er muss für Sie bezahlen.

Und schon gehört die fette Beute Ihnen.

Da ist noch etwas anderes, was Sie sich unbedingt merken sollten.

Wie Sie ein schönes, reiches Miststück werden

Schämen Sie sich nie dafür, dass Sie nicht viel Geld haben. Machen Sie daraus vielmehr eine Tugend.

Benehmen Sie sich nicht wie eine Nonne aus einem Bettelorden. Zeigen Sie nie, wie scharf Sie auf Geld sind. Machen Sie aus Ihrer relativen Armut vielmehr ein Zeichen Ihrer Würde.

Verlangen Sie keine teuren Geschenke oder Dienstleistungen. Freuen Sie sich, wenn man Sie beschenkt. Zeigen Sie Ihre Dankbarkeit mit einem Bettabenteuer, das ihn an den Rand des Herzinfarkts bringt (und zwar unmittelbar nachdem er Ihnen das Geschenk überreicht hat, damit er auch kapiert, wofür Sie ihn belohnen).

Aber verlangen Sie nie ein Geschenk.

Rufen Sie entzückt: »Oh!« und »Ah!«, wenn er Sie in eine Suite oder ein Penthouse mitnimmt und Ihnen erstklassigen Champagner serviert. Vor allem aber quietschen Sie mit ganzer Inbrunst, wenn er Ihnen Schmuck schenkt (selbst wenn er nicht echt ist).

Nehmen Sie mit Freuden an, was immer er Ihnen bietet, wie bescheiden das Geschenk auch ausfallen mag.

Vor allem zu Anfang wird er Ihnen häufig weniger kostspielige Geschenke machen. Weiter möchte er sich noch nicht aus dem Fenster lehnen.

Sie aber beweisen ihm, dass Sie über Geld und ähnlichen Dingen stehen, ja, dass Sie so etwas kein bisschen interessiert.

Wie Sie reich werden

Sie bekunden nur Interesse für ihn, für Sex und Lebensfreude im Allgemeinen.

Zeigen Sie ihm, dass Sie eine Naturgewalt sind, dass Sie das Leben zu genießen verstehen.

Seien Sie stets fröhlich, voller Energie und verliebt.

Selbstverständlich ist in dieser Phase ein ordentliches Quantum Schauspielkunst vonnöten.

Wenn Sie wirklich gerade einen schlechten Tag haben, lassen Sie sich am besten erst gar nicht blicken.

Ohnehin sollten Sie sich das zur Regel machen: Verschwinden Sie einfach für ein paar Tage, selbst wenn es Ihnen blendend geht.

Auf diese Weise treiben Sie ihn in den Wahnsinn, was ja zu Ihrem Plan gehört.

Denn er wird Sie erst dann heiraten, wenn Sie ihn davon überzeugt haben, dass Sie die ideale Frau für ihn sind.

Wie seine »Idealfrau« aussieht, müssen Sie selbst herausfinden.

Vielleicht ist sie ja lüstern, aber mit einem Hauch von Klasse. Frech, aber mit festen Grundsätzen. Abenteuerlustig, aber sparsam. Bestimmt, aber sehr zurückhaltend. Und so weiter, und so fort.

Was seine Kriterien sind, müssen Sie unbedingt herausfinden.

Sobald Sie wissen, wie seine Idealfrau aussieht, müssen Sie ihn nur noch glauben machen, dass Sie das sind,

Wie Sie ein schönes, reiches Miststück werden

was er haben will. Dass Sie seinem Ideal entsprechen und dass Sie ihm zusätzlich noch atemberaubenden Sex bieten.

Dann wird er felsenfest überzeugt sein, die Frau seines Lebens kennengelernt zu haben, und Sie heiraten.

Er wird freiwillig in den Backofen einziehen – mit dem typischen Lächeln jener Hühner, die sich gleich in einen leckeren Braten verwandeln werden.

Einem idiotischen Grinsen, aber überglücklich.

Es gibt Frauen, die trotz höchster Anstrengungen nie geheiratet werden.

Gewöhnlich erkennt man sie daran, dass sie damit prahlen, wie oft sie hätten Ja sagen können. Wie viele Männer ihnen zu Füßen gelegen und jederzeit ihr Leben für sie geopfert hätten.

Wenn Sie zu dieser schrecklichen Kategorie von Frauen gehören: Keine Panik! Noch sind nicht alle Tore verschlossen.

Auch für Sie hat der Himmlische Vater einen Ausweg vorgesehen: die Verlobung.

Die trägt zwar nicht ganz so viel ein wie eine Ehe, aber so ein bisschen abkochen lässt sich damit auch.

Vor allem, wenn Sie die Ratschläge beherzigen, die ich Ihnen im folgenden Abschnitt geben werden (Spionage, Diebstahl, Erpressung).

All diese taktischen Manöver sind keineswegs nur

Wie Sie reich werden

verheirateten Frauen vorbehalten. Auch Verlobte können sinnvoll damit arbeiten.

Ist das Leben nicht schön?

Wie Sie den Gockel rupfen

Einen reichen Mann zu heiraten ist, wie ein Mathematiker es ausdrücken würde, eine notwendige, aber keineswegs hinreichende Bedingung, um reich zu werden.

Reiche Männer sind im Normalfall nicht dumm. Genauer gesagt sind sie meist ziemlich clever.

Um reich zu werden muss man clever sein. Außer es handelt sich um die typischen Papasöhnchen, die alles geerbt und noch nie mit eigener Hände Arbeit einen Cent verdient haben.

Doch die sind eher selten, und gewöhnlich haben sie ihr Federkleid längst eingebüßt.

Diejenigen aber, die ihr Vermögen selbst verdient haben, sind Haie. Einen Hai auszutricksen ist gar nicht so einfach.

Haie sind normalerweise sehr, sehr vorsichtig. Sollten sie doch heiraten, dann bestehen sie auf Gütertrennung.

Ihr Misstrauen ist nicht ganz unberechtigt.

Sie trauen niemandem, geschweige denn den Frauen,

Wie Sie ein schönes, reiches Miststück werden

die ja im Normalfall schon schlauer sind als die Männer.

Aber keine Sorge. Auch ein Hai lässt sich hereinlegen.

Vielleicht nicht von einem anderen Hai, aber von einer Schleie.

Im Grunde ist das ja ein Klassiker.

Der reiche und smarte Mann, der sich von der niedlichen (und scheinbar doofen) Kleinen einwickeln lässt.

Wie oft hat es diesen Fall schon gegeben?

Er kann jederzeit wieder eintreten.

Das Problem ist also: Wie schaffen Sie es, dass dieser Fall *für Sie* eintritt?

Zuallererst müssen Sie den Auserwählten davon überzeugen, dass Sie genau das nicht sind, was Sie sind: *gierig*.

Da er selbst gierig ist (denn wozu hätte er sonst so viel Geld angehäuft?), ist er sich einer Sache völlig sicher: dass alle anderen Menschen genauso gierig sind wie er.

Sie aber zeigen ihm, dass Besitz Sie nicht im Geringsten interessiert.

Und Geld schon gar nicht.

Das Einzige, was Sie wirklich interessiert, ist er.

Weil er so klug ist. So kultiviert, so intelligent, so scharfsinnig, so großzügig, so hilfsbereit, so lebensklug, so *gut aussehend*.

Je weniger er eine bestimmte Eigenschaft besitzt, desto mehr sollten Sie diese an ihm loben.

Wie Sie reich werden

Er weiß sehr gut, dass er clever ist. Das müssen Sie ihm nicht extra sagen.

Aber er ist nicht davon überzeugt, dass er auch gebildet, intelligent, scharfsinnig, großzügig, menschenfreundlich, angenehm, ja schön ist.

Genau das wäre er jedoch gerne. Eben weil er es nicht ist.

Sie sagen ihm also, dass er all das ist. Vor allem großzügig. Es ist ganz wesentlich, dass Sie ihn von seiner Großzügigkeit überzeugen.

Schließlich soll er ja Ihnen gegenüber großzügig sein.

Und gut aussehend ist er selbstverständlich auch.

Frauen machen sich gewöhnlich nicht bewusst, wie gern Männer hören, dass sie gut aussehen.

Mindestens genauso gern, wie Frauen hören wollen, dass sie klug sind.

Jetzt regen Sie sich bitte nicht auf, denn Sie *sind* natürlich klug.

Allein die Tatsache, dass Sie dieses Buch gekauft haben, beweist das doch.

Natürlich sollen Sie ihm nicht ausdrücklich sagen, dass Sie nicht gierig sind.

Bringen Sie das Thema am besten gar nicht zur Sprache. Er würde Ihre Aussage sofort anzweifeln.

Beweisen Sie es ihm lieber durch kleine Gesten.

Bestehen Sie darauf, im Restaurant Ihre Rechnung selbst zu begleichen.

Wie Sie ein schönes, reiches Miststück werden

Bezahlen Sie jede (vor allem kleinere) Rechnung oder machen Sie zumindest Anstalten, es zu tun.

Dasselbe gilt im Übrigen für große Rechnungen.

Zu besonderen Gelegenheiten sollten Sie ihn auch mal einladen.

Er wird ohnehin nicht erlauben, dass Sie wirklich für ihn bezahlen.

Sie aber tun wenigstens so, als ob.

Sagen Sie ihm, Sie wollten sich Ihre Unabhängigkeit erhalten, dass Sie nicht mit ihm zusammen seien, um sich einladen zu lassen, sondern um seine Gesellschaft zu genießen.

Schließlich sind Sie eine Dame. Eine, die daran gewöhnt ist, Geld zu verachten, ja zu ignorieren. Ob sie nun Milliarden zur Verfügung hat oder keinen Cent besitzt. Für eine Dame ist das nicht von Bedeutung.

Dummerweise finden Sie sich meist in letzterer Situation wieder.

Schicksal. Eine echte Dame, aber nicht eben vom Glück begünstigt.

Was Ihrer Lebensfreude, Ihrer Gelassenheit, Ihrer Energie, Ihrer Damenhaftigkeit, Ihrem Scharfsinn, Ihrer *Libido* natürlich keinen Abbruch tut.

Diese Eigenschaften sind es, die ihn faszinieren.

Ihr Pech selbstverständlich auch. Denn ein reicher Mann, wie clever er auch sein mag, hält sich immer auch für einen Glückspilz.

Wie Sie reich werden

Und daher tun die weniger vom Glück Begünstigten ihm leid, selbst wenn er für sie keinen Finger rührt. Er hat kein Mitleid mit ihnen, aber er bedauert sie. Im schlimmsten Sinne des Wortes.

Nur bei Ihnen wird er eine Ausnahme machen. Denn Ihr Pech wird ihn rühren. Ihr Pech und Ihre Armut lassen vielleicht einen Hauch von Schuldgefühl für sein Glück und seinen ungeheuren Reichtum in ihm aufkommen, sodass er den Drang verspürt, Sie an seinen Schätzen, an denen er sich unverdienterweise (wie er im Unbewussten sehr wohl weiß) delektiert, teilhaben zu lassen.

Allerdings nur dann, wenn Sie eine zweite Eigenschaft zeigen, die neben der völligen Interesselosigkeit an Besitz und materiellen Dingen absolut unverzichtbar ist: Sie müssen *durch und durch doof* wirken.

Vollkommene Dummheit ist die unabdingbare Voraussetzung für das Absahnen von Erb- und Bürgschaften.

Natürlich dürfen Sie nicht dumm sein, sondern müssen nur so scheinen.

Sollten Sie wirklich doof sein, haben Sie Pech gehabt.

Stellen Sie sich also dumm.

Das ist der Schlüssel zum Banktresor.

Der Gockel wird Ihnen vollkommenes Vertrauen schenken, weil er sich so viel klüger vorkommt. Er wird glauben, Sie jederzeit über den Tisch ziehen zu können.

Wie Sie ein schönes, reiches Miststück werden

So clever er auch sein mag, er wird keine Probleme haben, Ihnen Ihre Vorstellung abzunehmen.

Und schon haben Sie den Gockel gerupft, sodass er Ihnen Appartements, Häuser und Motorboote überschreibt.

Wenn Sie den Auserwählten von Ihrer Interesselosigkeit in materiellen Dingen vollkommen überzeugt haben, werden Sie bald stolze Besitzerin von Unternehmen und Auslandskonten sein, weil der Herr nämlich seine Gläubiger und den Fiskus täuschen will.

Denn meine Angetraute, so denkt er, ist ja sowieso doof. Da bleibt alles in der Familie.

Natürlich braucht es dazu ein wenig Zeit. Füchse fängt man nicht sofort, sondern nur mit viel Geduld.

Wichtig ist daher für Sie erst mal nur: Sie müssen ihn davon überzeugen, dass Sie wunschlos glücklich und doof sind.

Um den Gockel ordentlich rupfen zu können, müssen Sie ihn davon überzeugen, dass Sie kein Interesse an materiellen Dingen hegen und außerdem durch und durch doof sind.

Das ist nicht leicht.

Vor allem, wenn Sie beides in Wirklichkeit nicht sind.

Genauer gesagt sollten Sie *weder an materiellen Dingen desinteressiert noch doof sein.*

156

Wie Sie reich werden

Aber Sie wollen Ihr Leben verändern und daher sollten Sie alles dransetzen, so zu wirken.

Sobald er Ihnen seine Villen und Schlösser überschrieben hat, können Sie zum Angriff übergehen.

Eigentlich müssen Sie das schon viel früher.

Sammeln Sie Beweise für seine Steuerhinterziehungen und seine illegalen Manöver (die reiche Menschen immer vollführen, wieso wären sie sonst reich?).

Erlauben Sie ihm alle Seitensprünge. Aber natürlich sorgen Sie auch hier dafür, dass Sie jeden einzelnen nachweisen können.

Im Notfall heuern Sie einen Privatdetektiv an.

Vergessen Sie nicht: Den Joker haben Sie in der Hand.

Es genügt, wenn Sie ihn in den Armen einer beliebigen Frau fotografieren lassen.

Falls er sich für so etwas nicht interessiert, sollten Sie eine Geliebte für ihn finden.

Natürlich nicht so, dass man das Mädchen bis zu Ihnen zurückverfolgen kann.

Prahlen Sie häufig vor anderen Frauen damit, wie reich und großzügig Ihr Mann ist, nicht ohne den Hinweis, dass er leider auch ein absoluter Weiberheld sei.

Frauen, welche dieselben Ziele verfolgen wie Sie, jedoch weniger klug sind (zum Beispiel die Regel vom verheirateten Mann nicht beherzigen: bloß nicht mit einem verheirateten Mann einlassen, sonst steht man am Ende mit leeren Händen da), finden sich überall.

Wie Sie ein schönes, reiches Miststück werden

Wenn die betreffende Dame weniger hat als Sie, dann ist dies umso besser. Ist es schon ein Verbrechen, Sie mit einer Frau Ihres Niveaus zu betrügen, so ist es geradezu unverzeihlich, dies mit einer Frau zu tun, die weniger wert ist als Sie. (Wie stets so wird auch hier der ökonomische Wert eines Menschen mit seinem sozialen verwechselt.)

In vielen Ländern ist ein Seitensprung kein Scheidungsgrund mehr. Schadensersatz aber sollte in jedem Fall drin sein. Außerdem eignet sich solch ein außerehelicher Ausflug auch gut als Erpressungsgrund.

Denn der Gockel wird sich natürlich nicht auf einen Rechtsstreit einlassen. Wenn er keinen öffentlichen Skandal will, muss er Ihre Bedingungen akzeptieren, sonst ist sein Ruf dahin.

Und reichen Gockeln liegt ungeheuer viel an ihrem Ruf.

Doch zuerst müssen Sie mit Ihren Beweisen zum Anwalt und dort das arme Opfer spielen, das juristischen Rat sucht.

Alle, auch der Anwalt, müssen Sie für ein armes Opferlamm halten.

Engagieren Sie den besten Scheidungsanwalt am Ort, ohne auf die Kosten zu achten. Denn Sie wollen ja schließlich, dass Ihr Mann sich schuldig fühlt, wenn er von Ihnen geschieden wird.

Ihr Ziel ist eine Scheidung, bei der er die Schuld
zugesprochen bekommt oder
sich zumindest schuldig fühlt.
(Das Schuldprinzip gibt es in Deutschland nicht mehr.)

Dabei geht es weniger um den Seitensprung (der nicht mehr als Scheidungsgrund gilt), sondern darum, dass er Ihre Würde verletzt und Ihre Lebensfreude zerstört hat.

Vor allem, wo Sie doch ein so faszinierendes und ihn über alles liebendes Weib waren.

Diesbezüglich empfiehlt sich ein weiblicher Anwalt. Die machen das besser.

Geschlechtersolidarität, weibliche Schläue und der Giftzahn, der seit Jahrtausenden geschärft wird, mischen sich hier zu einem absolut tödlichen Cocktail.

Natürlich geht es nicht nur darum, dass er Sie betrogen hat.

Der Seitensprung ist der Gipfelpunkt in einer langen Reihe seelischer Grausamkeiten, die Sie seit Langem erdulden.

Gelegentlich haben Sie einer Hausangestellten oder einem gemeinsamen Freund Ihr Leid geklagt. Dass er so häufig aus unerfindlichen Gründen nicht zu Hause ist. Dass er sich nur für seine Arbeit interessiert. Dass er Sie vernachlässigt. Dass er offensichtlich lügt. Dass er verdächtige Dinge tut.

Sie haben schweigend gelitten, weil Sie ihn liebten

Wie Sie ein schönes, reiches Miststück werden

und allein der Gedanke daran, ihn zu verlieren, Sie schon in einen Abgrund der Verzweiflung stürzen ließ.

Die perfekte Vorstellung: ein Opfer, wie es im Buche steht.

Alle werden Sie bedauern und sich gerne bereiterklären, zu Ihren Gunsten auszusagen, auch seine besten Freunde.

Vor allem seine besten Freunde, die selbstverständlich darauf hoffen, dass Sie einen von ihnen heiraten, sobald Sie Ihren Gatten los sind.

Was im Übrigen gar keine schlechte Idee ist.

Vielleicht hat Ihnen ja der ein oder andere bereits diskret, aber unermüdlich den Hof gemacht. Sie aber haben anmutig und systematisch abgelehnt und so Ihre unerschütterliche Treue unter Beweis gestellt.

Alle werden glauben, dass es nur gerecht ist, wenn er Sie für alles, was Sie durchmachen mussten, entschädigt.

Ihre Forderung sollte seinem Vermögen angemessen ausfallen.

Die Hälfte seiner Besitztümer ist hier eine gute Richtschnur.

Sie werden aus dem Prozess mit erhobenem Haupt hervorgehen und Ihren Ruf für immer und ewig festigen.

Natürlich wird das nicht leicht.

Sie müssen dafür schon Opfer bringen. Aber was sind

Wie Sie reich werden

diese Opfer im Vergleich zu einem Leben in Reichtum und Unabhängigkeit, das Sie von diesem Moment an erwartet?

Schließlich können Sie nun jeden beliebigen Hungerleider der Welt heiraten.

Und Sie brauchen dazu letztlich nur zwei Dinge: Cleverness und Schauspielkunst.

Zwei Dinge braucht die Frau:
Cleverness und Schauspielkunst.

Sie besitzen beides. Aus dem einfachen Grund, weil Sie eine Frau sind.

Sie haben diese Fertigkeiten von Ihren Urgroßmüttern ererbt, die sich damit gegen Jahrtausende der Gewalt und des Missbrauchs gewehrt haben.

Sie aber brauchen noch ein Ass mehr im Ärmel als andere Frauen.

Sie müssen ein Miststück werden.

Doch davon handelt das nächste Kapitel.

Wie Sie ein Miststück werden

Wie definiert man »Miststück«?

Eines sollte von Anfang an klar sein: Der beste Weg, ein Miststück zu werden, ist es, so viele Fußtritte zu bekommen, dass Sie eine gewaltige Lust bekommen, diese zurückzugeben.

Wenn Ihnen dabei auch noch der Magen geknurrt hat, umso besser!

Denn wer Hunger hat, der strengt sich an. Wer satt ist, macht sich behaglich auf dem Sofa breit.

Abenteurerinnen kommen immer aus Ländern, in denen Hunger herrscht.

Alle Abenteurerinnen kommen aus einfachen Verhältnissen.

Prinzesschen und andere Sprösslinge reicher Familien verspüren keinen Drang zum Abenteuer. Ihnen fehlt einfach der nötige Antrieb.

Das Leben muss einen schon mit Füßen getreten haben, damit man zur Abenteurerin wird.

Natürlich heißt das nicht, dass Sie anderen unausge-

Wie Sie ein schönes, reiches Miststück werden

setzt den Hintern hinhalten müssen, damit diese Ihnen einen Tritt verpassen können.

Es ist strategisch ohnehin besser, wenn Sie die Fußtritte eingesteckt haben, ohne dass Sie vorher Ihre Einwilligung erteilt haben.

Sind Sie jedoch in einem Umfeld groß geworden, in dem man peinlichst darauf achtete, Ihnen ja keinen Tritt zu verpassen, dann haben Sie es etwas schwerer.

Aber mit ein wenig gutem Willen kann auch eine Frau, die nie mit Füßen getreten wurde und nie Hunger leiden musste, es schaffen.[47]

Dazu allerdings müssen Sie wissen, was ein Miststück ausmacht.

Also: Was versteht man unter einem »Miststück«?

Es bedeutet, dass man sich um das eigene Glück kümmert und nicht um das der anderen.

Finden Sie das nun sehr verwerflich?

Wenn man genauer darüber nachdenkt, ist es das wohl nicht.

Wenn jeder sich um sein eigenes Glück kümmern würde, wären schließlich automatisch alle Menschen glücklich.

---

47 Das stimmt zwar nicht, aber wenn ich das nicht schreibe, fühlt sich ein großer Teil der gut situierten Frauen von vornherein von unserem Projekt ausgeschlossen, und das kann ich nicht zulassen. Andererseits: Wenn Sie ohnehin schon gut situiert sind, wieso wollen Sie dann ein schönes, reiches Miststück werden?

Wie Sie ein Miststück werden

Viele Menschen aber übertragen die Sorge ums eigene Glück anderen und erheben den Anspruch, dass diese ihre Probleme lösen.

Dies führt dazu, dass sie selbst leiden, weil die Probleme ja nicht gelöst werden, und den anderen, die diese Probleme nicht lösen können, Schuldgefühle vermitteln.

Es geht ja nicht nur darum, dass man von anderen Menschen nicht verlangen sollte, dass sie unsere Probleme lösen. Sie sind ganz einfach nicht in der Lage dazu, selbst wenn sie es wollten.

Denn – so unglaublich Ihnen dies auch scheinen mag – unser Glück hängt nicht von anderen Menschen ab, sondern einzig von uns selbst.

Wenn Sie mit sich zufrieden sind, weil Sie sich selbst Achtung und Liebe schenken können, dann bedeutet das, dass Sie in jeder beliebigen Situation glücklich sind und sich buchstäblich für alles öffnen können.

Da Sie selbst Ihre beste Freundin sind, sind Sie sozusagen immer mit dieser zusammen und fühlen sich nie allein.

Sind Sie aber nicht in der Lage, sich selbst Achtung und Liebe entgegenzubringen, dann brauchen Sie immer jemanden oder etwas außerhalb Ihrer selbst, von dem Sie dann versuchen, Achtung, Liebe und jene Sicherheit zu bekommen, die Sie in sich selbst nicht finden. Sie sind stets auf der Suche nach diesen Qualitäten,

Wie Sie ein schönes, reiches Miststück werden

gleichzeitig aber stets unglücklich, weil Sie sie ja außerhalb Ihrer selbst nicht finden.

Nichts und niemand kann Ihnen jene Achtung und Liebe geben, die Sie für sich selbst nicht empfinden.

Selbstachtung und Eigenliebe sind Gefühle, die Sie für sich selbst hegen müssen.

In sich.

Denn von außen bekommen Sie weder das eine noch das andere.

Andere Menschen können Ihnen höchstens eine Starthilfe geben. Sie können das Schnellstartkabel einstöpseln und Ihnen eine Initialzündung geben.

Trotzdem müssen Sie selbst aufs Gas steigen und den Motor auf Touren kommen lassen.

Sie sind es, die den Gang einlegt. Sie sind es, die die Geschwindigkeit bestimmt und den Wagen Ihrer Persönlichkeit über die Straßen des Lebens fährt.

In der Kindheit sind es die Eltern, die Ihnen helfen, Ihren Motor in Gang zu bringen. Ihre Liebe ist für Sie gleichbedeutend mit Achtung. Für Sie stellt sie einen Beweis Ihres Wertes dar, der Sie dazu berechtigt, Ihren Platz in der Welt einzunehmen.

Es ist, als würde man Ihnen dadurch mitteilen: Du bist würdig, auf dieser Welt zu leben, die sich freut, dich zu empfangen.

Die Achtung der Eltern setzt Ihre Selbstachtung in Gang. Daher ist es so wichtig, den eigenen Kindern Ach-

Wie Sie ein Miststück werden

tung und Liebe mitzugeben, weit wichtiger als Spielsachen und Leckereien.

Zu diesem Zweck müssen wir sie lehren, sich den Problemen des Lebens selbst zu stellen, statt ihnen aus dem Weg zu gehen oder sie von den Eltern lösen zu lassen.

Denn wenn Kinder ihre Probleme selbst lösen, wächst ihre Selbstachtung. Auf diese Weise helfen wir ihnen, jene Achtung und Liebe zu erwerben, die ihr späteres Glück ausmachen.

Nun kann es sein, dass Ihre Eltern dies versäumt haben. Dass sie Ihrem Motor keine ausreichende Starthilfe gegeben haben.

Wenn dies der Fall ist, dann liegt das wohl daran, dass sie den Zündschlüssel nicht hatten.

Denn offenkundig wurde auch der Motor Ihrer Eltern von Vater und Mutter nicht in Gang gebracht, weshalb ihnen später der Schlüssel fehlte.

Eltern sind nicht böse. Sie sind vielleicht ein bisschen doof, aber nicht absichtlich böse.

Dann müssen Sie Ihren Motor eben selbst zünden, indem Sie einen Sieg nach dem anderen feiern. Damit Sie sich sagen können: »Habt ihr das gesehen? Ich hab's geschafft! Ich bin wirklich gut!«

Siege sind nicht immer große Erfolge, bei denen man als Erste die Ziellinie überschreitet, sich mit dem Lorbeerkranz auf dem Haupt vor Publikum verneigt oder

Wie Sie ein schönes, reiches Miststück werden

auf dem obersten Treppchen steht und sich huldigen lässt.

Es geht dabei vielmehr um die kleinen Siege über Einsamkeit, Armut, Hunger, Mühen, Ablehnungen, Enttäuschungen, Beleidigungen, Verachtung und Leiden.

Der Sieg, das ist in Wirklichkeit jene Widerstandsfähigkeit, die Sie im Angesicht von Problemen zu zeigen vermögen.

Der Mut, mit dem Sie diese angehen.

Wenn du es vermagst, Herz, Nerven und Muskeln noch einmal anzuspannen, obwohl du längst ermattet bist, wenn du sie einmal noch deinem Willen unterwirfst und durchhältst, selbst wenn du schon keine Kraft mehr in dir fühlst, nur noch das bisschen Energie, das dir sagt: »Halt durch!«;

wenn du den unerbittlich vergänglichen Augenblick zu füllen verstehst und seine sechzig Sekunden bedeutsam machst, dann wird die Welt dein sein mit allem, was in ihr ist,

und – was noch mehr ist – du wirst eine echte Frau sein, meine Liebe![48]

Rudyard Kipling

---

48 Im Original hat Kipling diesen Vers für Männer geschrieben. Weil er ein Mann war, natürlich und somit der menschlichen Begrenztheit unterlag. (Übertragung der italienischen Fassung von Elisabeth Liebl)

Wie Sie ein Miststück werden

Die Erfahrung, ganz allein über Schwierigkeiten hinwegzukommen, ist der Nährboden, auf dem Selbstachtung und Eigenliebe wachsen. Sie gibt Ihrem Auto die nötige Starthilfe, damit es sich hinaus ins Leben wagen und Ihre Ziele ansteuern kann.

Denn nur die eigene Erfahrung sagt Ihnen, dass Sie jedes Problem alleine meistern können, ohne Hilfe durch andere Menschen.

Auf diese Weise entsteht innere *Sicherheit*: Sie müssen sich selbst beweisen, dass Sie fähig sind, Probleme selbst anzugehen und zu lösen.

Dass Sie unabhängig sind.

Selbstständig.

Ein Mensch, der sich selbst genug ist.

Nur auf diese Weise können Sie selbst für Ihr Glück sorgen. Indem Sie aufhören, das kleine Mädchen zu spielen, und zur erwachsenen *Frau* heranreifen.

Eine *erwachsene Frau* zeichnet sich durch Achtung und Liebe für sich selbst aus.

Ein Miststück zu sein ist also gleichbedeutend damit, *erwachsen* zu sein.

Wenn Sie nicht erwachsen werden, sich aber trotzdem einen reichen (oder überhaupt einen) Mann angeln wollen, werden Sie dasselbe Ende nehmen, wie Mary aus Minneapolis, von der ich Ihnen bereits erzählt habe.

Wie Sie ein schönes, reiches Miststück werden

Die drei Persönlichkeiten

Wir tragen in uns die Anlagen zu drei verschiedenen Rollen oder Persönlichkeiten: Kind, Erwachsener und Elternteil.[49]

Das Kind kann nicht alleine überleben, weil es die Fähigkeit, mit Verantwortung und Problemen umzugehen, nicht besitzt. Aus diesem Grund fehlt es ihm an Selbstachtung und Eigenliebe, an innerer Sicherheit.

Das Kind kann folglich nicht für sein eigenes Glück sorgen. Dieses Problem überträgt es regelmäßig auf andere Menschen.

Ein Kind ist wie ein Vogel im Nest, der sich selbst noch keine Nahrung suchen kann und deshalb ständig mit weit aufgesperrtem Schnabel dasitzt und wartet, dass jemand ihn füttert.

Ein Kind bettelt ständig. Es fordert pausenlos von anderen Menschen.

Ein Erwachsener hingegen fordert nichts.

Wie hieß doch der schöne Spruch in der Werbung: »Ein Mann bittet nicht.«

Nun, eine Frau auch nicht. Sie nimmt einfach.

Sie nimmt sich, was sie will, ohne um Erlaubnis zu bitten.

---

49 Eine genauere Beschreibung finden Sie in meinem Buch *Alla ricerca delle coccole perdute*, Mailand 2004.

Wie Sie ein Miststück werden

Die erwachsene Frau hat gelernt, für sich selbst zu sorgen, mit Problemen selbst fertig zu werden, sich selbst zu ernähren.

Sie ist zur Jägerin geworden, die ihre Beute schlägt.

Ein Miststück eben.

So würden es zumindest jene ausdrücken, die zur Kategorie »Kind« gehören. Für ein »Kind« ist jeder, der ihm die Windeln nicht wechselt und ihm kein Fläschchen macht, ein Idiot. Oder ein Miststück. »Kinder« nämlich brauchen immer eine Mutter.

Doch die Mutter-, also die Elternrolle, können Sie immer noch spielen, wenn Sie sich erst finanziell gesundgestoßen haben. Dafür ist noch genug Gelegenheit, wenn Sie reich sind.

Denn natürlich neigen wir alle dazu, am Ende die Eltern-Persönlichkeit anzunehmen.

Diese Rolle krönt unsere seelische Entwicklung als Menschen, jene, die uns auch die Gesellschaft vorschreibt.

Die Liebe.

Doch nur Menschen, die eine Eltern-Persönlichkeit entwickelt haben, können wirklich lieben.

Ein Mensch mit einer Eltern-Persönlichkeit kann so gut für sich selbst sorgen, dass ihm noch etwas übrig bleibt und er folglich andere mitversorgen kann. Er oder sie ist fähig, sich *anderen Menschen* zuzuwenden, fähig zu lieben.

Wie Sie ein schönes, reiches Miststück werden

Wenn Sie erst reich geworden sind, können Sie jederzeit »Mama« spielen.

Jetzt aber geht es ums Erwachsenwerden. Um die Rolle des Miststücks.

Wie werde ich ein Miststück?

Das Problem, das sich uns stellt, lässt sich also wie folgt umreißen: Wie werde ich erwachsen?

Genauer gesagt: Wie werde ich ein Miststück?

Letztlich gibt es nur ein Mittel, um erwachsen und ein Miststück zu werden: von zu Hause weggehen, die Eltern hinter sich lassen, für sich selbst sorgen und allein leben.

Allein heißt: ohne Freundinnen, ohne Freunde, ohne Lover, ohne überhaupt irgendjemanden.

Ganz allein wie ein streunender Hund.

Apropos Hund: auch ohne Hund natürlich.

Und ohne Katze.

Sogar ohne Goldfisch.

Eine erwachsene Frau braucht das alles nicht. Eine erwachsene Frau lebt allein.

Bekommen Sie jetzt Angst?

Natürlich bekommen Sie Angst, aber diese Angst müssen Sie überwinden. Wie die Angst vor der Dunkelheit.

Wie Sie ein Miststück werden

Sie können nicht Ihr Leben lang Angst vor der Dunkelheit haben, so wie Sie nicht Ihr Leben lang Angst vor der Einsamkeit haben können.

All das sind *kindische* Ängste, und Sie können nicht Ihr Leben lang Kind bleiben.

Wieso nicht?

Weil »Kinder« stets leiden, und zwar ihr Leben lang. Lebenslanges Leiden aber scheint mir nicht besonders erstrebenswert.

Also müssen Sie lernen, *allein* zu leben und sich selbst zu ernähren, und wenn Sie putzen gehen.

Erst wenn Sie die Erfahrung von Einsamkeit und Unabhängigkeit gemacht haben, sind Sie richtig erwachsen, folglich ein richtiges Miststück.

Natürlich sollte die Einsamkeit nicht Ihr Leben lang dauern. Die Erfahrung der Einsamkeit kann, sobald man sie als Freundin, nicht als Feindin, als Vergnügen, nicht als etwas Beängstigendes erlebt, jederzeit durch Freundschaften, mehr oder weniger tiefe Beziehungen und soziale Kontakte unterbrochen werden.

Auch durch das Zusammenleben mit einem anderen Menschen.

Doch ohne dass Sie dafür Ihren Raum, Ihre Unabhängigkeit, Ihre *Freiheit* aufgeben, die in der Zwischenzeit Ihr höchstes Gut geworden ist.

Gerade aus diesem Grund haben Sie gelernt, für wichtige Ziele kurzfristig darauf zu verzichten, zum Beispiel

Wie Sie ein schönes, reiches Miststück werden

für das Projekt der Selbstbereicherung, das Sie gerade in Angriff nehmen. Doch dieser Verzicht ist zeitlich begrenzt und zielt auf die Erlangung weitergehender Freiheit ab.

Wenn Sie erst einmal gelernt haben, sich mit Einsamkeit, Armut, Hunger, Mühen, Ablehnungen, Enttäuschungen, Beleidigungen, Verachtung und Leiden zu arrangieren und all das zu überwinden, erst dann sind Sie wirklich stark, sind wirklich bereit für die Verwirklichung Ihres Zieles.

Bereit zur Eroberung der Welt.

Das Selbstbild

Auch um ein Miststück zu werden, müssen Sie – wie bei der Rolle der großen Verführerin – lernen, sich selbst als Miststück zu sehen, und zwar auf der Ebene des Unbewussten.

Sie müssen sich ein Selbstbild schaffen. Was jederzeit möglich ist.

Als Miststück natürlich.

Der Vorgang ist genau derselbe.

Durch die ständige Wiederholung eines Gedankens oder eines Bildes, mit dem Sie sich identifizieren möchten.

Sie müssen sich also zuerst ein *Vorbild* suchen.

Auch hier ist das Kino von großem Nutzen.

Und Sharon Stone in *Basic Instinct* eines der besten Vorbilder überhaupt.

Auch in diesem Fall wird Ihnen ein Mantra helfen.

Ich bin   *Einatmen*
ein Miststück.   *Ausatmen*

Das ist Ihr Mantra.

Hübsch, nicht?

Kein Erbarmen

Wenn Ihr Hunger groß genug ist, dass Sie die Zähne in fast alles schlagen würden, wenn Ihre Zähne so stark und scharf geworden sind, dass Sie damit keinerlei Probleme hätten, dann wird Ihr Mitgefühl für den armen reichen Mann, der Ihretwegen den Kopf verliert und bereit ist, Ihnen ein bisschen von seinem Reichtum abzugeben, wenn Sie ihm dafür Ihren Körper (und nicht nur Ihre schöne Seele) überlassen, sich vollkommen in nichts aufgelöst haben. Es wäre auch nicht mehr sinnvoll.

Denn Sie haben genug gelitten, genug bezahlt, genug Grausamkeiten des Lebens in Kauf genommen. Jetzt haben Sie das Recht, sich zu rächen und sich jenes

Wie Sie ein schönes, reiches Miststück werden

Glück zu erobern, welches das Leben Ihnen bislang versagt hat.

Ob er dabei glücklich wird, kann Ihnen doch egal sein.

Erstens, weil er für sein Glück bisher ganz gut selbst gesorgt hat.

Und entsprechende Vorkehrungen getroffen hat.

Was sein Reichtum eindrucksvoll belegt.

Zweitens, weil Sie ja schließlich ein Teil *seines* Glücksprojektes sind.

Dass Sie in sein Leben getreten sind, und sei es auch zu eigennützigen Zwecken, hat ihn ja bereits glücklich gemacht.

Und der Kummer, den er empfindet, wenn Sie ihn verlassen und ihn um einen Teil seines Vermögens erleichtern, wird ja nicht von Ihnen verursacht, sondern von ihm selbst.

Denn in der Psychologie gibt es ein Gesetz: *Niemand kann einen anderen leiden lassen.*[50]

Jeder ist für das eigene Leid verantwortlich.

Sobald wir unser Leid einem anderen Menschen zuschreiben, spielen wir schon wieder das Kleinkind, das seine Verantwortung abwälzen will.

Ein reicher Mann, der von einer Frau verlassen und ausgenommen wurde, die ihm gleichwohl sublime Hö-

---

50 Siehe dazu: *Alla ricerca delle coccole perdute*, a. a. O.

Wie Sie ein Miststück werden

hepunkte geschenkt hat, zeigt gewöhnlich zwei mögliche Reaktionen.

Entweder er ist vollkommen verzweifelt und spielt den wilden Mann.

Was allerdings ein recht kindisches Verhalten ist. Ein Hai, der sein Vermögen seiner Cleverness und seiner Geschicklichkeit verdankt, spielt jedoch nur selten die Rolle des Kindes und benimmt sich so.

Wenn er es tut, dann hat er seinen Kummer verdient.

Denn er allein ist die Ursache seines Leidens, weil er sich benimmt wie ein Kind.

Kein Erbarmen also.

Oder er nimmt den Schlag hin und ist insgeheim zufrieden, weil er sein Vergnügen hatte. Ihnen aber gratuliert er zu Ihrer Geschicklichkeit und Ihrem Scharfsinn.

Auch hier kein Erbarmen.

Es ist nicht angebracht.

Denn ähnliche Hiebe hat er im Leben schon mehrfach selbst ausgeteilt, um sich ein Vermögen aufzubauen.

Meist allerdings an Männer.

Vielleicht auch an Frauen.

Außerdem ist Reichtum eben dazu da.

Dass man sich schöne Frauen leisten kann.

Schön in den Augen eines Mannes.

Verführerisch.

Wie Sie ein schönes, reiches Miststück werden

Wie Sie.

Sie werden in seinen Augen wunderschön bleiben.

Denn nun wird auch Ihr Scharfsinn, den er in der Zwischenzeit kennengelernt hat, Teil Ihres Zaubers.

Er wird sich nie herablassend über Sie äußern.

Schon, um nicht wie ein Idiot dazustehen.

Denn wenn er kein Idiot ist, wieso hat er sich dann mit einem Luder eingelassen?

Nein, er wird vielmehr Ihre Schönheit und Ihre Intelligenz loben.

Je öfter er nämlich erzählt, wie unwiderstehlich Sie sind, desto besser steht er am Ende da.

Denn nur eine faszinierende Frau wie Sie konnte ihn in ihren Bann schlagen.

Und nur eine so kluge Frau wie Sie konnte es schaffen, ihn auszunehmen.

Auf diese Weise kommen Sie sozusagen mit geblähten Segeln aus der Sache heraus.

Alle werden Sie bewundern.

Weil Sie ein reiches, schönes Miststück sind.

Wenn Sie wollen, könnten Sie das Spiel nun sogar von vorne beginnen.

Sie können sich vom Leben neue Karten geben lassen, sodass Sie im Pokerspiel des Schicksals neue Chancen haben.

Es gibt Frauen, die haben es mehr als nur einmal geschafft.

Wie Sie ein Miststück werden

Sie haben sich sozusagen von Heirat zu Heirat gehangelt.

Mit immer reicheren Männern.

Wenn Sie diese Frauen genauer in Augenschein nehmen, werden Sie merken, dass sie gar nicht zu den Top-Schönheiten zählen.

Denn darum geht es nicht.

Sie sind schöne, reiche Miststücke.

Und niemand wagt es, ein schlechtes Wort über sie zu sagen.

Ganz im Gegenteil.

Und was treibt man nun als schönes, reiches Miststück?

Sobald Sie ein schönes, reiches Miststück geworden sind, können Sie Folgendes tun:

Ein noch schöneres und reicheres Miststück werden

Wenn Ihr Hunger nach Reichtum noch nicht gestillt ist, sollten Sie Ihr Projekt fortführen.

In diesem Fall nützen Sie die Kontakte, die Sie als Ehefrau, Verlobte oder Geliebte eines einigermaßen vermögenden Mannes geknüpft haben, um einen anderen zu rupfen, vielleicht sogar aus derselben Clique.

Das Umfeld kennen Sie ja bereits.

Nun liegt es an Ihnen, ob Sie »drin«bleiben.

Und weiter dort herumstreifen.

Denn Sie haben ja nicht versäumt, ein höchst bedauernswertes Bild von sich als Opferlamm zu zeichnen.

Schon erweisen Ihnen alle ihre Solidarität.

Vor allem *seine* Freunde. Unter diesen lässt sich nämlich leicht ein Tröster finden.

Wie Sie ein schönes, reiches Miststück werden

Achten Sie also darauf, dass Ihre erotischen Qualitäten seinen Freunden auch zu Ohren kommen.

Denn wenn Männer gewöhnlich auch nicht zu Klatsch neigen, dann sind sie doch höchst erpicht darauf, mit den erotischen Vorzügen ihrer Ehefrauen, Geliebten oder Verlobten zu prahlen.

Was logischerweise ihre eigenen Qualitäten unterstreicht.

Ihre großen erotischen Talente sind natürlich nur die eine Seite der Medaille, die in Umlauf gebracht werden muss. Auf der anderen finden sich: eine Frohnatur, mangelndes Interesse an materiellen Dingen und eine gewisse Naivität.

In diesem Fall haben Sie nur einen echten Feind.

Eine andere Frau. Genauer gesagt: alle anderen Frauen.

Ihre Beute genießen

Sie können es sich gut gehen lassen und Ihren Reichtum nutzen.

Amüsieren Sie sich.

Suchen Sie den Ausgleich für alle Anstrengungen, Demütigungen, Frustrationen und Leiden, die Sie je erduldet haben.

Schnappen Sie sich alle Männer, die Sie wollen, reich oder arm, nur um sie am Ende wieder auszuspucken.

Und was treibt man nun als reiches, schönes Miststück?

Werden Sie zur Domina.

Die sich vor niemandem für Ihr Leben rechtfertigen muss.

Und sich niemandem mehr unterwirft.

Eine Frau, die sich den Luxus erlauben kann, in jedem Augenblick sie selbst zu sein.

Die jeden zum Teufel schicken kann, ganz gleich wann und wo.

Lassen Sie sich jedoch nicht in Versuchung führen. Trachten Sie nicht danach, Ihren Reichtum mit Hilfe von Geschäften und Investitionen zu vermehren.

Ihr Frauen habt dafür kein Talent.

Und lassen Sie sich erst gar nicht auf die Angebote der Männer ein, Ihnen dabei zu helfen. Sicher zeigen Männer mehr Talent fürs Geschäft.

Doch sie haben auch ein hohes Interesse an Geld, und so werden sie Sie früher oder später über den Tisch ziehen.

Geschichten über Frauen, die ihr Vermögen verloren haben, weil sie auf irgendwelche skrupellosen Typen hereingefallen sind, gibt es wie Sand am Meer.

Genießen Sie einfach Ihren Reichtum und lassen Sie es gut sein.

Wäre es nicht vermessen, vom Leben noch mehr zu verlangen?

Machen Sie es nicht wie die Spielsüchtigen, die, selbst wenn sie gerade eine Million Euro gewonnen haben,

Wie Sie ein schönes, reiches Miststück werden

weiterspielen, bis sie sogar ihren Abendanzug verloren haben.

Nehmen Sie sich lieber die geschickten, strategischen Spieler zum Vorbild.

Die kleinen Bankangestellten, die ihren Hundert-Euro-Jeton setzen, gewinnen, ihre neunhundert Euro Gewinn einstreichen, zur Kasse gehen, sich die Beute auszahlen lassen und aus dem Casino verschwinden wie Diebe nach einem gelungenen Raubzug. Und dann mit dem gewonnenen Geld die Familie in ein Luxusrestaurant ausführen, das sie sich normalerweise nicht leisten können.

Genießen Sie Ihren Reichtum. Basta.

Versuchen Sie nicht, ihn zu vermehren.

Es ist ja ohnehin mehr als genug.

Das Gewand der Abenteuerin an den Nagel hängen und einen Hungerleider heiraten

Wie viele Frauen haben nach einem Schwindel erregenden Aufstieg zu Erfolg, Reichtum und Ruhm, nach einer oder mehreren Ehen mit Männern, die ob ihres Reichtums und ihrer absoluten Langweiligkeit berühmt sind, eiligst einen völlig unbekannten Hungerleider geheiratet!

Normalerweise den Tennislehrer, einen Versicherungsangestellten oder den Chauffeur.

Und was treibt man nun als reiches, schönes Miststück?

Und so wurden aus skrupellosen Abenteuerinnen tadellose Ehefrauen und Mütter.

Von denen die Klatschspalten fortan nichts mehr zu berichten hatten.

Weil sie jetzt auf einer Farm in Arizona leben.

Die sie gekauft und bezahlt haben.

Bar.

Und so haben sie am Ende doch noch ihren Aschenputteltraum verwirklicht.

Der keineswegs darin bestand, einen reichen und berühmten Märchenprinzen zu heiraten, sondern einen Prinzen, der sie glücklich macht.

Für eine Frau ist das der wahre Traum.

Eine Farm mit Pferden und rot-weiß-gewürfelten Tischdecken.

Einen eigenen Mann und eigene Kinder.

Sie mussten sie zwar kaufen.

Doch Sie haben sich das verdient.

Jetzt sind Sie reich und glücklich.

Allerdings sollten Sie ein wenig Acht geben.

Der Hungerleider, den Sie geheiratet haben, könnte zur Spezies jener Männer gehören, die selbst reich, schön und skrupellos werden möchten.

In diesem Fall wären Sie das Huhn, das gerupft werden soll.

Wie Sie ein schönes, reiches Miststück werden

Sich anderen Möglichkeiten
der Selbstverwirklichung zuwenden

Vielleicht kommt ja unter dem Mieder der großen Verführerin die Lupe der Insektenforscherin, der Rosenkranz der Missionarin oder das Kreuz der Heiligen zum Vorschein.

Dann könnte Ihr Reichtum Ihnen dazu verhelfen, Expeditionen nach Amazonien oder auf die Stewart-Insel zu finanzieren beziehungsweise an solchen teilzunehmen. Auf der Suche nach einem verlorenen Schmetterling.

Oder ein Krankenhaus in Nigeria zu gründen.

Oder kleine Negerlein, Mulatten und Indios zu adoptieren.[51]

Oder Sie fühlen in sich den Zug zum Spirituellen.

Dann könnten Sie nach Indien gehen und dort einen Guru und seinen Ashram sponsern.

Vielleicht möchten Sie ja auch gerne zum Buddha werden.

Dann sollten Sie mein letztes Buch kaufen: *Zum Buddha werden in fünf Wochen* (München 2006). Fünf Wochen lang strengen Sie sich richtig an. Dann sehen wir weiter.

---

51 Dies ist keine rassistische Fußnote, sondern eine Tatsache: Europäer adoptieren am liebsten Kinder aus Afrika, Zentral- und Südamerika. Vielleicht werden unsere heimischen Waisenkinder ja mal von den Chinesen adoptiert.

Und was treibt man nun als reiches, schönes Miststück?

Eigentlich könnten Sie, da Sie ja jetzt reich sind, ein paar Tausend davon kaufen und sie an bedürftige Frauen verschenken, die nicht nur keine Buddhas sind, sondern auch noch reinrassige Hungerleiderinnen.

Wie Sie wollen.

Wenn Sie für Ihre Selbstverwirklichung Geld brauchen: Das steht Ihnen ja nun zur Verfügung.

Meine Aufgabe war nur, Ihnen zu zeigen, wie Sie zu einem Vermögen kommen.

Den Rest bekommen Sie schon selbst hin.

Eines aber sollten Sie nicht vergessen.

Sorgen Sie dafür, dass Ihr Ich immer gut gelaunt bleibt.

Unser Ich hat eine natürliche Neigung zur *Depression*.

Freud nannte das den »Thanatos-Trieb«.

Oder den Todestrieb.

Brrrr ...

Unser Ich ist wie eine Rakete, die normalerweise nach oben strebt.

Sein Treibstoff sind Spaß und Erfolg.

Doch die Rakete ist schwer und neigt immer wieder dazu, nach unten abzustürzen, also in den Bereich der Depression.

Wenn der Treibstoff nicht ausreicht, verfallen wir in Depression, werden krank und erleiden einen frühzeitigen Tod.

Wie Sie ein schönes, reiches Miststück werden

Die Grafik unten veranschaulicht die Situation[52]:

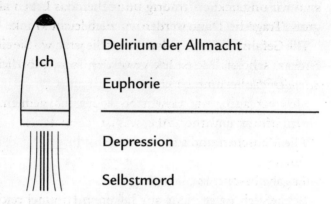

Wichtig ist, dass das Ich im Bereich der Euphorie verbleibt.

Die Gefahr dabei ist nicht die Allmachtsfantasie, sondern der Selbstmord.

Denn es gibt wesentlich mehr Selbstmörder als Diktatoren.

Krankheit ist eine Art unbewusster Selbstmord.

Solange die Ich-Rakete im Bereich der Euphorie bleibt, sind wir glücklich und gesund.

---

52 Genaueres hierzu finden Sie in meinem Buch: *Wie Sie Ihre Hirnwichserei abstellen und stattdessen das Leben genießen*, München 2005, S. 75.

Und was treibt man nun als reiches, schönes Miststück?

Unser Leben ist okay.

Wenn es in den Bereich der Depression abrutscht, sind wir unglücklich, traurig und sehen das Leben als große Tragödie. Dann werden wir auch leicht krank.

Die Gefahr für Sie liegt darin, dass Sie jetzt, wo Sie ein reiches, schönes Miststück geworden sind, plötzlich *Schuldgefühle* bekommen könnten.

»Ich war ja so gierig, unsensibel, egoistisch, gemein.«

Das stimmt natürlich. Aber was ist schon dabei?

Alle Menschen sind so.

Auch *er*.

Er ganz besonders.

Schließlich ist er nicht aus heiterem Himmel reich geworden.

Denken Sie doch lieber daran, wie viel Glück Sie ihm geschenkt haben.

Jeder Mensch verteidigt das eigene *Ich*, bewusst oder unbewusst.

Also nur die Ruhe: Alle verhalten sich so.

Auch der größte Heilige.

Warum, glauben Sie, gibt er den Heiligen?

Um das eigene Ich zu stärken!

Seine Motive sind ihm vielleicht nicht bewusst, aber sie sind da.

Sie wissen eben besser Bescheid, daher haben Sie bewusst gehandelt.

Sie haben sich bereichert.

Wie Sie ein schönes, reiches Miststück werden

Sie haben sich vom Leben das geholt, was Ihnen zusteht.

Und Sie haben sich für alle Fußtritte gerächt, die Sie je abbekommen haben.

Vor allem von Männern.

Eine Supersache.

Und vollkommen gerechtfertigt.

Sie haben es geschafft und dabei noch für Ihre finanzielle Sicherheit gesorgt.

Was soll daran schon Schlimmes sein?

Alle Frauen würden es tun, wenn sie es nur hinkriegen würden.

Doch die meisten sind nicht schön und skrupellos genug.

So wie Sie.

Gesund leben und essen

Irene Dalichow,   21790
Die Gewürzapotheke

Galina Schatalova,   21745
Heilkräftige Ernährung

Nobuo Shioya,   21743
Die Kraft strahlender Gesundheit

Otfried D. Weise,   14188
Entschlackung